Imagens de uma revolução alegre

Murais e cartazes de propaganda da experiência chilena (1970-1973)

Imagens de uma revolução alegre

Murais e cartazes de propaganda da experiência chilena (1970-1973)

Carine Dalmás

alameda

Grafia atualizada segundo o Acordo Ortográfico da Língua Portuguesa de 1990, que entrou em vigor no Brasil em 2009.

Edição: Haroldo Ceravolo Sereza
Editor assistente: Camila Hama
Assistente acadêmica: Bruna Marques
Projeto gráfico, diagramação e capa: Gabriel Siqueira
Revisão: Ana Lígia Martins

ESTE LIVRO FOI PUBLICADO COM O APOIO DA FAPESP.

CIP-BRASIL. CATALOGAÇÃO NA PUBLICAÇÃO
SINDICATO NACIONAL DOS EDITORES DE LIVROS, RJ
D1551

Dalmás, Carine
IMAGENS DE UMA REVOLUÇÃO ALEGRE: MURAIS E CARTAZES DE PROPAGANDA DA EXPERIÊNCIA CHILENA. (1970-1973)
Carine Dalmás. - 1. ed.
São Paulo: Alameda, 2017.
206 P.: IL.; 23 CM.

Inclui bibliografia
ISBN 978-85-7939-358-7

1. Chile. História. Golpe de Estado, 1973. 2. Chile. Política e governo. 1970-1973. I. Título.

15-26960 CDD: 983.064
CDU: 94(83)'1973'

ALAMEDA CASA EDITORIAL
Rua Treze de Maio, 353 - Bela Vista
CEP 01327-000 - São Paulo - SP
Tel. (11) 3012-2403
www.alamedaeditorial.com.br

Sumário

A Gabriel,
meu companheiro

À Violeta,
minha vida

Prefácio

Este livro, fruto do Mestrado de Carine Dalmás, aborda um tema original e instigante. Transitando entre a história política e cultural, a pesquisa mostra como alguns produtos culturais (murais e cartazes) foram utilizados como armas de propaganda política num momento crítico da história chilena no qual uma grande parcela da população lutou pela implantação de um projeto socialista no país. A escolha da propaganda visual como objeto de pesquisa permitiu mostrar a importância que tiveram os murais e os cartazes na campanha presidencial de Salvador Allende e ao longo do Governo da Unidade Popular.

A historiadora foi ousada ao optar por esse tipo de fonte para melhor compreender a dimensão da luta política que se desenrolava no Chile no início da década de 1970. A ousadia consistiu, não só pelo recurso às artes visuais para análise de um momento histórico conturbado, mas também pelo fato de ter se proposto a pesquisar artes visuais de natureza diversa, ou seja, arte mural e arte gráfica que exigem tratamento metodológico específicos.

O trabalho mostra como os murais e cartazes serviram de suporte para expressar mensagens de natureza política. Essas manifestações artísticas foram analisadas como expressões da luta política encabeçada por partidos de esquerda que, embora unidos em torno de um projeto comum – a implantação de um projeto socialista no país –, tinham perspectivas distintas no que dizia respeito a estratégias e táticas de luta.

No que se refere aos murais, cabe lembrar que essa modalidade artística se caracteriza pela produção de imagens, que têm como suporte um muro ou parede, e, desde seus primórdios foram confeccionadas com finalidades diversas: ornamentais, religiosas, culturais e políticas.

A arte mural foi cultivada em diferentes épocas e espaços: na América Latina tinham uma tradição que remontava às civilizações indígenas, sobretudo na região do México atual. Essa tradição foi recuperada, ainda que de forma bem distinta, a partir da Revolução Mexicana. Principiada por iniciativa do intelectual José Vasconcelos que, ao ocupar o cargo de Secretário da Educação, contratou pintores para realizarem obras murais com o intuito de recuperar aspectos da cultura popular de tradição indígena e temas relacionados à revolução vitoriosa. Foram os muralistas desse período que se valeram da arte mural para expressar ideias com sentido pedagógico e político.

No caso chileno, Carine Dalmás mostra como surgiu a produção de murais a partir da campanha eleitoral de Salvador Allende à Presidência da República. Eles eram construídos, de forma coletiva, por militantes e artistas vinculados aos principais partidos que apoiavam Allende. Além de analisar o significado das imagens expressas nos murais, estabeleceu relações entre as mensagens estampadas nos muros da cidade e o sentido político expresso através delas. Chamo a atenção para o fato de que, além do trabalho de interpretação das imagens, Carine conseguiu captar, através das pinturas, tensões ideológicas entre os militantes dos partidos integrantes da Unidade Popular que, embora se orientassem por um objetivo comum tinham divergências em relação aos métodos de luta a serem utilizados para concretizar o projeto de transição para o socialismo pela via pacífica.

Os cartazes, que também foram utilizados como instrumentos de luta política, se diferenciavam muito da arte mural. No entanto, esse outro tipo de arte visual, neste caso, arte gráfica, teve igual importância na propagação de mensagens políticas. Sua função principal, no caso chileno, consistia em mobilizar a população para a participação na luta em prol do projeto socialista. Curiosamente os cartazes, segundo informa a autora, foram produzidos por um grupo de desenhistas gráficos que não eram filiados aos partidos de esquerda e, tampouco, trabalhavam exclusivamente para o governo, mas apoiavam o projeto da UP.

A leitura desta obra permite acompanhar, através dos relatos sobre os murais e cartazes, o entusiasmo da campanha eleitoral que deu a vitória a Salvador Allende e as vicissitudes de seu governo ameaçado, desde o início, pelos opositores. A autora mostra, muito bem, como os produtores dessas artes visuais delas se valeram como armas de luta em prol de uma causa.

Na descrição do conteúdo das obras, Carine Dalmás ressalta os elementos básicos que compunham as mensagens da propaganda política. Destaca as representações do poder nelas expressas, as imagens referentes aos agentes revolucionários e aos inimigos da revolução, os símbolos usados, não só como armas de combate, mas também como identificação político-partidária das brigadas muralistas.

Ao finalizar sua análise, a autora chama atenção para um aspecto importante: afirma que a experiência de luta através das artes, embora tenha sido derrotada no campo da política, teve um resultado muito positivo por ter contribuído para a construção de uma memória da luta travada naquele momento tão especial da história chilena. Além disso, Carine chama atenção para o fato de que essa memória serviu de incentivo para a criação de movimentos culturais voltados para o resgate da arte popular e acabou consolidando uma tradição de trabalho artístico coletivo reconhecido como uma tendência das mais importantes da cultura chilena até os dias de hoje.

Por todos esses aspectos originais relacionados à experiência chilena recuperados nesta obra, acredito que o leitor saberá reconhecer a sua importância para o enriquecimento da historiografia da América Latina contemporânea.

Maria Helena Rolim Capelato

Introdução

O presente estudo analisa os murais e os cartazes de propaganda produzidos no Chile durante a campanha presidencial e o governo da Unidade Popular (UP) liderado por Salvador Allende entre 1970 e 1973. Neste período foi formulado um projeto de transição para o socialismo pela via pacífica. Procuramos demonstrar como as imagens produzidas pelos militantes dos principais partidos da UP – o Partido Comunista (PC) e o Partido Socialista (PS) –, a propaganda oficial do governo e algumas produções independentes, mas partidárias da transição para o socialismo no Chile, criaram mensagens iconográficas que realizaram uma dupla função: por um lado, expressaram as principais lutas políticas e as contradições da esquerda chilena no período; por outro, difundiram um imaginário revolucionário festivo, alegre e harmônico e, portanto, coerente com a peculiaridade da ideia de uma *revolução pacífica*.

As pinturas murais foram produzidas por "brigadas muralistas" criadas pelos militantes do PC e do PS, mais precisamente, pelas Juventudes Comunistas do Chile (JJCC) e pela Federação da Juventude Socialista (FJS). As brigadas comunistas se chamavam Brigadas Ramona Parra (BRP) e as socialistas, Brigadas Elmo Catalán (BEC).[1]

1 Segundo Sebastian Fontbona, Nicolas Labra e Ismael Larraín, na tese intitulada *La ciudad como papel*, a Brigada Elmo Catalán e a Brigada Ramona Parra foram as pioneiras. Depois surgiram a Brigada Inti Peredo, também do PS, a Brigada Hernan Mery, do Partido Democrata Cristão (PDC) e a Brigada Roberto Matus da Frente Nacionalista Patria e Liberdade. O trabalho destes autores foi de suma importância para este livro, pois eles sintetizam os caminhos que levaram à formação das brigadas muralistas e definem suas principais características partindo de uma relação direta com o contexto de sua produção. A pesquisa foi realizada na área de Comunicação Social e analisou as mudanças formais e de conteúdo das mensagens

Ambas nasceram das necessidades político-eleitorais da esquerda de fazer a propaganda visual do candidato Salvador Allende e do programa da UP.

Os murais eram produzidos de forma coletiva por militantes e artistas. Depois da vitória de Salvador Allende, tornaram-se importantes veículos de difusão do projeto do governo e dos posicionamentos de seus partidos de origem. Diante das possibilidades abertas pelo novo governo, tornaram-se movimentos culturais voltados para o resgate da arte popular chilena.

Essa experiência iniciada pelos partidos de esquerda, e reproduzida por organizações de orientações político-ideológicas diversas, consolidou uma tradição de pintura coletiva que atualmente é reconhecida como uma tendência da arte muralista no Chile.[2]

Os cartazes tiveram procedências variadas – artistas profissionais, partidos de esquerda, a própria UP –, no entanto, as produções gráficas relacionadas à propaganda oficial foram as mais recorrentes e, junto aos murais, se integraram na intensa mobilização política e nos debates culturais do período.

A maioria dos cartazes de propaganda política analisados foi produzida por um grupo de desenhistas gráficos profissionais reunidos no Ateliê dos Irmãos Larrea. Os principais deles eram Vicente e Antonio Larrea e Luís Albornoz. Não eram filiados

públicas (murais, cartazes, desenhos, mensagens escritas em muros e paredes, panfletos e grafite) que predominaram no espaço urbano chileno, especialmente na capital Santiago, entre as décadas de 1960 e 1990. A categoria mensagem pública é entendida como a participação política e comunicacional de sujeitos e grupos que, através de distintas técnicas, fixaram mensagens em diversos suportes públicos urbanos com objetivo de expressar ideias e ideais sem sentido comercial [FONTBONA, S; LABRA, N; LARRAÍN, I. *La ciudad como papel.* Tese (Licenciatura en Comunicación Social) – Escuela de Publicidad, Universidad Diego Portales, Santiago, 2002].

2 O livro *Muralismo*, publicou a seguinte lista de ateliês, brigadas e grupos muralistas que surgiram no Chile a partir de 1964 e deram continuidade a esta tradição até os dias atuais: BEC, BRP, Brigada Inti Peredo, Brigada Salvador Allende (BRISA), Unidade Muralista Camilo Torres (UMCT), Brigada Salvador Cautivo, Brigada Humanista, Brigada Laura Allende, Brigada Luciano cruz (BLC), Brigada Juvenil Poblacional (BJP), Grupo Crédito Universitário, Brigada Victor Jara, Brigada América Latina, Grupo Sindicato, Brigada La Garrapata, Grupo Umbral, Taller La Escala, Brigada Santiago Nattino, Brigada Pedro Mariqueo, Brigada Gastón Lobos, Brigada Cecilia Magni, Grupo Praxis, Renacimiento, Taller Libre Amanecer, Muralistas Raúl Pellegrini, Brigada Rolando Calderón, Atelier La Caleta Valparaíso, Taller de la APECH, Agrupación de Plásticos Jóvenes, Taller Cultural Arauco, Enjupo, Grupo Comando por la Democracia Lomas Coloradas, Brigada Poblacional Renca, Brigada Marta Caro, Muralistas Chonchi, Taller Muralistas Paicaví Infantil, Brigada Democracia Obrera, Taller Codecup, Brigada Carlos Lorca, Brigadistas CODEM, Taller Pintura Popular (TPP), BP Sur, Brigada Arnaldo Flores, Brigada Renca Norte, Pu-Huelquen Muralistas, Codepu Regional Santiago, TAJ.SB, Brigada Oscar Fuentes, Desastre Nuclear, Brigada Universitária Crédito Fiscal (COMITÉ DE DEFENSA DE LA CULTURA CHILENA. *Muralismo.* Arte en la cultura popular chilena. St. Gallen/Berlin/São Paulo: Edition Diá, 1990).

aos partidos de esquerda e, tampouco, trabalhavam exclusivamente para o governo, mas apoiavam o projeto da UP. Tratava-se, assim, de um grupo de desenhistas gráficos recém-egressos da Escola de Artes Aplicadas (EAA) da Universidade do Chile que estavam construindo seus espaços no campo das comunicações visuais, onde, naquele período, o cartaz ocupava um lugar central.

Algumas imagens dos murais analisados são fragmentos que obtivemos através de registros fotográficos da época compilados junto com alguns dos cartazes e expostos no website *Breve Imagineria Política*, criado pelo fotógrafo chileno Fernando Orellana, na França. Fernando Orellana reuniu imagens fotográficas de murais das brigadas e cartazes guardados por militantes da UP que viviam no exílio nos mais diversos países.[3] Outros murais apresentados são reconstituições publicadas pelo músico chileno Eduardo Carrasco (2004), que também participou das BRPs entre 1970 e 1973, e alguns foram obtidos no website desta brigada, chamada *Colectivo BRP*.

Devido à origem desse material, muitos dos registros trabalhados apresentam-se fragmentados e/ou em preto e branco. Cabe destacar que os murais das brigadas foram pinturas efêmeras, pois eram direcionadas à propaganda política e, sendo assim, correspondiam a necessidades do momento presente. Quando o objetivo da mensagem era superado, o mural era atualizado e, do anterior, poucas vezes restou algum registro.

A reprodução dos cartazes e as informações sobre seus produtores foram encontradas principalmente no livro *Cartel Chileno (1963-1973)*, organizado por Eduardo Castillo (2004), que consultou arquivos dos próprios desenhistas gráficos e publicou os cartazes na íntegra junto a alguns artigos que resgatam a trajetória dos artistas e sua relação com a movimentação cultural vivida no Chile entre 1970 e 1973. Recentemente, no processo de elaboração deste livro, incorporamos as análises de outros dois trabalhos fundamentais: *Puño y Letra*, também de Eduardo Castillo (2006) e *Un grito en la pared*, de Mauricio Vico e Mario Osses (2009).

Por se tratarem de manifestações visuais que atuaram como meios de divulgação massiva do projeto político de transição ao socialismo pela via pacífica, consideraremos as pinturas murais e os cartazes como expressões da luta política e cultural encabeçada por partidos de esquerda, por movimentos sociais e pelo governo. Desta forma, cada imagem

---

3 Sobre a criação do website *Breve Imagineria Política* encontramos informações em uma entrevista intitulada "De la muralla al ciberespacio", realizada pelo jornal *La insignia* em 3 de dezembro de 2003. Nesta, Fernado Orellana atestou que a ideia de realizar um trabalho sobre a gráfica política do período da UP surgiu na época do governo de Salvador Allende. Porém nunca houve um interesse real de publicação das imagens recopiladas por parte das editoras chilenas, razão que o teria levado a publicá-las numa *website*. Entrevista disponível em: <http://www.lainsignia.org/2003/diciembre/cul_005.htm>.

de propaganda era produzida com o objetivo de conscientizar e conquistar o apoio popular, de acordo com a perspectiva de quem a produziu e/ou a encomendou. Procuraremos mostrar como cada uma das imagens analisadas traduz, enquanto documento histórico, não apenas os valores políticos e ideológicos da esquerda chilena e do governo, mas também as tensões internas no campo político.

A abordagem historiográfica voltada para o estudo da propaganda política, sobretudo a partir das imagens, fundamenta-se no conceito de representação política.[4] Analisaremos como as imagens de propaganda articularam representações coletivas e as relacionaram com a construção de um novo imaginário social para o país: o imaginário socialista. O estudo da forma como a propaganda visual da UP difundiu este imaginário constituiu o eixo central da pesquisa que deu origem a este livro.

Nesta perspectiva, a abordagem se insere no campo mais amplo da história política renovada que "possibilitou a exploração de novos temas de pesquisa relacionados à cultura política e/ou à história das representações políticas constituídas por imagens, símbolos, mitos e utopias".[5] Em outras palavras, nossa reflexão sobre a experiência chilena resultou de uma abertura epistemológica da história política que permitiu estabelecer relações entre política e cultura, bem como recorrer ao conceito de representação como uma das categorias básicas de nossa análise.

O conceito de representação é entendido, na perspectiva de Roger Chartier, como a relação entre uma imagem presente e um objeto ausente, ou seja, o objeto não existe a não ser no signo que o representa.[6] Portanto, ao considerarmos as imagens de propaganda como representações, entendemos que elas expressaram certas convenções socioculturais que permitiam sua compreensão pela sociedade em geral, devido ao recurso a uma simbologia familiar ao seu público alvo, o que intensificava seu poder de comunicação. Ainda de acordo com o autor, "as representações do mundo social assim constituídas, [...], são sempre determinadas pelos interesses de grupo que as forjam. As lutas de representações têm tanta importância como as lutas econômicas para compreender

4 A propósito da formulação do conceito de representação a partir de várias vertentes das ciências sociais e sua utilização na historiografia, consultar: CAPELATO, M. H.; DUTRA, E. R. F. "Representação política. O reconhecimento de um conceito na historiografia brasileira". In: FLAMARION, Ciro.; MALERBA, J. (orgs). *Representações: contribuição em um debate transdisciplinar*. Campinas: Papirus, 2000.

5 CAPELATO, M. H. *Multidões em cena: propaganda política no varguismo e no peronismo*. Campinas: Papirus / FAPESP, 1998, p. 26.

6 CHARTIER, R. *O mundo como representação*. "Estudos Avançados". v. 5, n. 11, Universidade de São Paulo, 1992, p.184.

os mecanismos pelos quais um grupo impõe, ou tenta impor, sua concepção do mundo social, os valores que são os seus, e o seu domínio".[7]

As imagens produzidas pelas brigadas ou presentes nos cartazes de propaganda apresentam certa concepção de mundo social. Orientadas pela perspectiva socialista, elas assumiram o papel de conscientização do povo chileno em relação a esse projeto político. As imagens constituem um arsenal de representações coletivas que tinham os murais e os cartazes como suporte. Elas buscavam unir a sociedade em uma rede comum de significações, que passassem a orientar práticas, valores e normas e, desta forma, constituir um novo imaginário social.[8]

Para pensar a questão da constituição de imaginários sociais, Bronislaw Baczko elaborou uma reflexão metodológica relacionando as diversas abordagens que se cruzam neste campo das representações. A análise do autor é tomada como parâmetro para a discussão desta categoria. Para ele o imaginário social compõe-se de um sistema de representações constituídas por ideologias, imagens, símbolos, mitos e utopias. Segundo o autor:

> é através dos seus imaginários sociais que uma coletividade designa a sua identidade; elabora uma certa representação de si; estabelece a distribuição de papeis e das posições sociais; exprime e impõe crenças comuns; constrói uma espécie de código do "bom comportamento", designadamente por meio da instalação de modelos formadores tais como o do "chefe", o "bom súdito"' "o guerreiro corajoso" etc. Assim é produzida, em especial, uma representação global e totalizante da sociedade como uma "ordem" em que cada elemento encontra o seu "lugar", a sua identidade e a sua razão de ser.[9]

Com a preocupação em restabelecer os lugares e papéis dos grupos sociais, das lideranças, dos programas políticos e culturais sob outros parâmetros ideológicos, os representantes da esquerda ou os profissionais por ela contratados puseram em prática uma propaganda política de apoio ao governo. Segundo Baczko, a propaganda assume o papel de criação de um imaginário coletivo capaz de dar sustentação a uma proposta de poder que pretende se firmar perante outras de diferente natureza. [10]

De acordo com a historiadora Eliana Freitas Dutra, os imaginários sociais mobilizados através de representações coletivas dão voz às culturas políticas, mobilizando

7 CHARTIER, R. *História cultural: entre práticas e representações*. Lisboa: Difel, 1990, p. 17.

8 CAPELATO e DUTRA, *Op. cit.*, p. 229.

9 BACZKO, B. "Imaginação Social". In: *Enciclopédia Einaudi*. v. 5, Lisboa: Imprensa Nacional/Casa da Moeda, 1985, p. 308-9.

10 *Ibidem*, p. 311

não só o imaginário, mas também a memória, as emoções, as expectativas do presente e os sonhos de futuro.[11] Por cultura política a autora define, em uma perspectiva historiográfica e baseada nos estudos de Serge Bernstein, as motivações políticas que se apresentam a partir de um conjunto de valores compartilhados por um grupo social e que são adquiridos e traduzidos em um determinado ambiente cultural. São as culturas políticas que proporcionam uma identidade aos indivíduos e às coletividades que, fundamentada em uma

> leitura comum do passado histórico – com a qualificação positiva ou negativa de fatos, momentos e personagens – compõe-se com elementos de base ideológica e ou filosófica; com definições institucionais traduzidas no plano da organização política do Estado; com idealizações das concepções a cerca da "boa sociedade"; com utilizações de uma linguagem política e de um vocabulário de símbolos, ritos, gestos e representações visuais que confluem para uma mesma visão de mundo a ser compartilhada.[12]

Com base nas reflexões da autora, entendemos que tanto a propaganda dos partidos de esquerda realizada através das brigadas muralistas e em alguns cartazes, quanto a propaganda oficial expressa nos cartazes produzidos no Ateliê dos Irmãos Larrea, procuraram legitimar uma cultura política socialista, ainda que através de mensagens, muitas vezes, contraditórias. Nesse sentido, cabe-nos lembrar, uma vez mais de acordo com Eliana Dutra, que uma cultura política pode apresentar-se de maneiras variadas, pois suas leituras dependem dos canais institucionais (por exemplo, partidos políticos e governo) que a integram à sociedade.[13]

Tais pressupostos fundamentaram nossa tentativa de reconstituição de um período singular da história chilena através das imagens produzidas pelos principais partidos da UP e para o governo, tomando os murais e os cartazes como instrumentos para esse fim. Apresentaremos um mapeamento de certos aspectos socioculturais do contexto em que se desenvolveu o trabalho das brigadas muralistas e dos artistas gráficos, com o propósito de explicitar a natureza desta propaganda visual e o significado das representações políticas nelas contidas. Para tanto, tomamos como parâmetro a constatação do historiador Ulpiano Bezerra de Meneses ao afirmar que a imagem deve ser vista como fonte, e a natureza social do fenômeno artístico, como um pressuposto. Isto

11 DUTRA, E. F. "História e Culturas Políticas. Definições, usos, genealogias". *Varia História*, Belo Horizonte, n.28, dez. 2002, p. 22-23

12 *Ibidem*, p. 24

13 *Ibidem*, p. 26

significa pensar as representações visuais como elementos que participam das relações sociais como práticas materiais.[14]

É necessário esclarecer ainda que analisaremos as imagens como representações cujos conteúdos expressaram as propostas políticas das esquerdas no referido período. Sendo assim, questões relacionadas ao ponto de vista estético serão mencionadas apenas quando contribuam para a interpretação do sentido das representações.

No primeiro capítulo é apresentado o debate político e cultural no qual se inseriram as ações das brigadas muralistas e dos desenhistas gráficos durante o governo da UP a partir de duas questões fundamentais e diretamente relacionadas entre si: a primeira refere-se à importância que assumiu a mobilização e a conscientização popular para a realização da via política proposta pelo governo. A segunda diz respeito à maneira pela qual a mobilização política e artística, expressas na prática das brigadas e nas mensagens visuais dos murais e dos cartazes de propaganda, integraram-se nesse processo como parte de projetos culturais em curso. Levamos em conta o fato de que a produção artística em um período de transição para o socialismo está diretamente relacionada ao papel atribuído pelos partidos de esquerda à cultura, através da formulação de uma política cultural. A ideia de política cultural que fundamenta a análise traduz-se nas propostas e ações do governo, dos partidos e das organizações de esquerda que procuraram fundamentar a produção, a difusão e o consumo das produções artísticas durante a gestão de Salvador Allende.

No segundo capítulo, resgatamos a origem, a importância e as heranças políticas e culturais mobilizadas pelas brigadas muralistas do PC e do PS. As BRP e as BEC foram as brigadas que mais se destacaram no período estudado, tanto como veículos de propaganda de seus partidos de origem, quanto como movimento artístico reconhecido no âmbito das novas instituições ligadas às artes plásticas criadas pelo governo.

No terceiro capítulo traçamos aspectos gerais do desenvolvimento do desenho gráfico no Chile. O capítulo está dividido em três partes: na primeira mapeamos a trajetória e as tendências estéticas que orientaram os produtores dos cartazes de propaganda analisados; em seguida, mostramos como a valorização do cartaz era condizente com uma tradição de gráfica revolucionária de longa data que, naquele período, tinha como grande expoente a gráfica cubana; por fim, abordamos a relação que os desenhistas do Ateliê dos Irmãos Larrea mantiveram com o governo e os produtores culturais dos partidos de esquerda.

O quarto capítulo corresponde à análise das imagens e está dividido em três partes que abordam as temáticas mais recorrentes das representações produzidas pelas briga-

14 MENESES, U. B. "Fontes visuais, cultura visual, história visual. Balanço provisório, propostas cautelares" . *Revista Brasileira de História*, São Paulo, v. 23, n. 45, jul. 2003, p. 13.

das muralistas e nos cartazes de propaganda. Não descartamos a análise de algumas imagens sem autoria definida, na medida em que correspondem às temáticas expressas nos murais e cartazes com autoria identificada. Destacamos os seguintes temas: a campanha eleitoral, os agentes da revolução pacífica, seus inimigos e suas armas de luta. A reflexão sobre estas temáticas permitiu-nos demonstrar como as mensagens visuais produzidas pelas brigadas muralistas atuaram intensamente na luta política do governo, expressando a posição dos seus produtores, tanto a respeito da via pacífica, quanto em relação aos partidos políticos aos quais estavam vinculadas. De outro modo, a análise das representações dos cartazes demonstra como as relações profissionais estabelecidas entre os artistas gráficos, o governo e outros agentes culturais para a produção da propaganda se desenvolveram em um ambiente plural que resultou em mensagens que variaram da exaltação à crítica das estratégias adotadas pelo governo para a realização da transição ao socialismo.

Em suma, procuramos contar a história da experiência chilena com base na forma como esse processo foi representado pela propaganda visual da UP e levando em conta os debates políticos e culturais nos quais se inseriram seus produtores.

Capítulo 1

A experiência chilena e sua política cultural: a questão da mobilização popular

Para iniciarmos nossa análise da experiência chilena a partir da propaganda visual em apoio ao projeto de governo da Unidade Popular (UP), é necessário localizar o papel atribuído às brigadas muralistas e aos cartazes no âmbito das disputas políticas e ações culturais que marcaram o processo revolucionário.

A UP, coligação de esquerda liderada por Salvador Allende,[1] venceu as eleições presidenciais chilenas realizadas em setembro de 1970. Baseou-se em um programa que se propôs a efetivar a transição do capitalismo ao socialismo por vias democráticas, ou seja, sem romper com a legalidade vigente e tomando a via pacífica[2] como estratégia de

1 A UP foi criada em 1969 através de uma aliança de três grandes partidos: Partido Comunista (PC), Partido Socialista (PS) e Partido Radical (PR); e três pequenas organizações: o Partido Social Democrata (PSD), o partido de Ação Popular Independente (API) e o Movimento de Ação Popular Unificado (MAPU).

2 A estratégia da via pacífica foi formulada a partir das teses do XX Congresso do Partido Comunista da União Soviética (PCUS), realizado em 1956, após a morte de Stalin. Nesta ocasião, Krushov, primeiro--secretário do Comitê Central do PCUS, apresentou um relatório que denunciava os crimes políticos de Stalin e deu início a um debate sobre o princípio da coexistência pacífica entre países de sistemas sociais opostos, no caso, entre capitalistas e comunistas. Vivia-se o contexto da Guerra Fria, portanto o que estava em questão era a tentativa de estabelecer melhores relações entre URSS e EUA, com base na ideia de que a via insurrecional não era inevitável para a transição ao socialismo. Constatada a amplitude das reações sociais coletivas contra a possibilidade de novos conflitos bélicos, a classe operária foi resgatada como uma das principais forças motrizes da luta pela paz internacional. Deve-se ter em vista que se tratava de um momento em que o mundo ainda vivia os efeitos da Segunda Guerra Mundial (1939-1945). A tese da via pacífica dividiu o movimento comunista internacional entre o PCUS e o Partido Comunista Chinês. Este criticava o projeto da via pacífica porque acreditava que desanimaria movimentos revolucionários de

luta política. Os partidos que formaram a UP demonstravam, do ponto de vista histórico chileno, experiência de atuação democrática, pois já em 1938, seguindo a atmosfera política internacional, aliaram-se em uma Frente Popular que elegeu o presidente Pedro Aguirre Cerda. Nessa ocasião, também a França e a Espanha estruturaram *Frentes Populares*, reunindo forças políticas liberais e de esquerda com o objetivo de impedir o avanço do nazifascismo na Europa.

Em 1969, a unidade das organizações de esquerda chilenas em torno de um projeto que visasse à transição ao socialismo deu-se em função de um diagnóstico comum apresentado na introdução do programa aprovado em 17 de dezembro:

> O Chile vive uma crise profunda que se manifesta na estagnação econômica e social, na pobreza generalizada e nas postergações de toda ordem que sofrem os operários, camponeses e demais camadas exploradas, bem como nas crescentes dificuldades que enfrentam os trabalhadores em geral, pequenos e médios empresários e nas mínimas oportunidades de que dispõem a mulher e a juventude.[3]

O programa da UP propunha assim a transição para o socialismo como alternativa para resolver a situação resultante da vigência do modelo econômico capitalista dependente no Chile, sustentado pelos grupos políticos e econômicos representados pelo Partido Nacional (PN) e o Partido Democrata Cristão (PDC).[4]

---

tentarem tomar o poder em alguns países, pois passariam a acreditar que tudo acabaria em um acordo feito entre os principais países dos blocos capitalista e socialista. A historiadora Elisa de Campos Borges, na dissertação de mestrado em que abordou o projeto da via chilena ao socialismo do Partido Comunista Chileno, apresenta as principais interpretações acadêmicas e uma síntese dos impasses gerados pela formulação da tese da via pacífica ao socialismo no movimento comunista internacional.. BORGES, E. C. *O prometo da via chilena ao socialismo do Partido Comunista chileno*: "Nem revisionismo, nem evolucionismo, nem reformismo, nem cópias mecânicas". Dissertação (Mestrado em História) – Setor de Ciências Humanas, Pontifícia Universidade Católica, São Paulo, 2005, p. 54-56.

3 "Programa de la Unidad Popular y las primeras 40 medidas", *Editorial 30 años*, Santiago, 2003, p.12.

4 O PN, representado por Jorge Alessandri e o PDC, representado por Eduardo Frei, venceram o candidato presidencial da esquerda (Salvador Allende), respectivamente, nas eleições de 1958 e 1964. A Democracia Cristã (DC) derrotou o PC e o PS com a proposta que chamara de *Revolução em Liberdade*. Esta foi apresentada como uma solução para a crise deixada por Jorge Alessandri e como alternativa ao "radicalismo revolucionário" do programa dos partidos marxistas. Os resultados do governo dos democrata-cristãos, por um lado, os tornaram o maior partido do Chile, aumentando sua participação, inclusive, no interior do movimento operário, mas, por outro, geraram problemas políticos e econômicos que dificultaram a realização das reformas projetadas no seu programa. Isto os isolou politicamente, porque perderam o apoio dos partidos de direita e desagradaram setores dos movimentos sociais que reivindicavam o aprofundamento

O programa da UP estabeleceu diretrizes que tinham como eixo a representação dos interesses políticos e culturais dos trabalhadores e sua integração gradual ao governo, através da disputa dos espaços político-institucionais de forma democrática. Quando essa incorporação se tornasse realidade, dar-se-ia a consolidação da transição ao socialismo no Chile; nesse sentido, enquanto estratégia revolucionária de luta para chegar a uma sociedade socialista, a via pacífica significava a utilização de formas de confronto sem recurso à violência, ou seja, não armada. Nessa perspectiva, o confronto ficaria restrito ao desenvolvimento da luta de massas conforme era permitida pelas normas legais da institucionalidade vigente (como manifestações políticas nas ruas, greves, ocupação de terras e fábricas).

Definidos a opção pela via pacífica e o diagnóstico de crise do capitalismo no Chile, durante todo o seu governo, a UP centrou esforços na realização das transformações econômicas – nacionalização de empresas e bancos, incentivo ao aumento da produção, melhora no poder aquisitivo dos trabalhadores. Acreditava-se que a criação de uma política econômica que beneficiasse as maiorias aumentaria o apoio popular e, com isso, a possibilidade de mudanças institucionais e políticas em direção ao socialismo. O apoio almejado deveria manifestar-se através do voto, da presença nas mobilizações de rua e outras ações coletivas, sobretudo aquelas voltadas para o aumento da produção.

O acordo sobre a via pacífica formulada e expressa na conduta política do candidato Salvador Allende, mesmo não constituindo uma estratégia de pressupostos integralmente novos, pautou-se nas condições históricas que o Chile oferecia, sobretudo do ponto de vista político. Esta opção é comumente denominada pelos autores de "via chilena ao socialismo" e sua possibilidade era justificada tendo em vista a excepcionalidade da trajetória política do Chile a partir da década de 1930. O historiador Alberto Aggio apresenta, de forma sucinta, a argumentação que embasou essa ideia a respeito do sistema político chileno:

> De fato, o que chamava a atenção naquele país, em contraste com o conjunto da América Latina, era precisamente a sua histórica estabilidade política, comparável apenas aos países ocidentais mais consolidados do ponto de vista político. A estabilidade política do Chile, conseguida a partir de 1932, podia exibir um recorde de regularidade que poucos países do mundo possuíam. [...] Depois da reformulação da legislação de 1957, podia-se dizer que as eleições no Chile passaram a ser extremamente livres. Este quadro de estabilidade e ampliação da participação democrática da sociedade chilena alicerçava-se num sistema partidário estruturado e de fortes raízes históricas. Havia no Chile uma tradição política pluralista e de disputa aberta entre partidos

das reformas e que, por essa razão, foram violentamente reprimidos.

> que ia da direita à esquerda e que demonstrava a capacidade de manter uma representação regularmente balanceada.[5]

Essa estabilidade, ainda segundo Alberto Aggio, fazia com que a sociedade chilena parecesse ser capaz de passar por mudanças políticas importantes na esfera governamental. A esquerda chilena, possuindo uma significativa representatividade nacional, apresentou um projeto de superação da condição de atraso no desenvolvimento econômico, alegando que esse atraso contrastava com o desenvolvimento político, institucional e social do país. Tal proposta obteve aceitação popular e, sendo assim, respaldo às reformas a serem realizadas em níveis estruturais. Entretanto, após a vitória eleitoral e diante da necessidade de, por vias democráticas, institucionalizar a via política ao socialismo, instaurou-se o problema político chave: a questão de realizar mudanças dentro da legalidade vigente não alterando o caráter democrático.[6]

O problema político destacado por Alberto Aggio refere-se às difíceis negociações com a democracia cristã e aos boicotes realizados pela oposição (liderada no parlamento pelo PN, e extra parlamentarmente, expressa na organização de inspiração fascista *Pátria e Liberdade*). Havia também divergências importantes, sobretudo entre os principais partidos do governo, o PC e o PS.

O historiador Julio Pinto destacou a existência de consenso entre os partidos da UP apenas sobre os objetivos finais da *experiência chilena*: a revolução deveria ser socialista, anti-imperialista (por tanto, genuinamente nacional), humanista e igualitária. O capitalismo, nesse sentido, deveria ser derrotado e destruído, abolindo o individualismo, a exploração e a propriedade privada.[7] Porém, na sua interpretação do processo político vivido no Chile entre 1970 e 1973, a unidade nos fins se mostrou gradualmente menos insistente e determinante do que o desacordo em termos de estratégia, tática e programa. Nas palavras do autor:

> Enfrentados a la tarea de hacer la revolución, los partidários de la utopía socialista se fracturaron en visiones divergentes, a menudo abiertamente antagónicas, sobre los medios, ritmos, marcos y actores que debían orientarla. A la postre, esa fractura resultó ser un componente fundamental en la derrota

5 AGGIO, A. *Democracia e socialismo*. 2ª ed. São Paulo: Editora Annablume, 2002, p. 16-7.

6 *Ibidem*, p. 21.

7 VALLEJOS, Julio Pinto. "Hacer la revolución en Chile". In: ______. *Cuando hicimos historia. La experiencia de la Unidad Popular*, Santiago: LOM, 2005, p. 13

> de la mejor ocasión histórica que ha habido en Chile, hasta la fecha, para hacer la revolución: el gobierno de la Unidad Popular.[8]

A fratura mencionada pelo historiador se refere à polarização entre os grupos dos *gradualistas* e *rupturistas*. Os *gradualistas* correspondiam aos defensores da via pacífica, ou seja, o PC, apoiado por segmentos do PS, especialmente por Salvador Allende, além de uma parte do MAPU e do PR. A este segmento atribui-se a estratégia que deu origem à expressão "via chilena ao socialismo", pois foram eles que levaram às últimas consequências a novidade de compatibilizar socialismo e democracia.[9]

Os *rupturistas* foram os críticos da manutenção da via pacífica e estavam representados pela maioria do PS e do MAPU,[10] pela Izquierda Cristã (IC)[11] e o Movimiento de Izquierda Revolucionário (MIR). Consideravam-se uma opção autenticamente revolucionária, autoproclamando-se de esquerda-revolucionária para se diferenciar dos gradualistas. Do ponto de vista desse grupo era ingênuo acreditar na possibilidade de manutenção da via pacífica, pois entendiam que uma classe dominante jamais renunciaria a seus privilégios sem resistir. Em outras palavras, ressaltavam que a legalidade burguesa foi criada para proteger os privilégios da classe, portanto, se a vitória da UP colocasse em risco tais privilégios eles não hesitariam em apoiar um golpe de estado.[12]

As diferenças internas entre os partidos que compunham a UP repercutiram nas realizações político-culturais das suas juventudes e, por consequência, das brigadas muralistas. Nesse sentido, cabe uma breve menção às especificidades desses partidos e suas interpretações sobre a natureza da revolução socialista no Chile.

Desde o Congresso Nacional do Partido Comunista realizado em abril de 1956 em Cartagena, o PC aprovou um programa de acordo com a postura do movimento comunista internacional e com as suas experiências práticas de coalizões políticas organizadas para disputar o poder no Chile: tinham como metas a libertação nacional, a aliança com setores democráticos e a conquista do apoio da classe trabalhadora. Segundo a historiadora Elisa de Campos Borges, as principais linhas de ação deste programa foram

---

8 *Ibidem*, p. 14

9 *Ibidem*, p. 16

10 O MAPU era formado por dissidentes das categorias juvenis do PDC que se afastaram do partido em 1969 e por integrantes de sindicatos agrícolas (FAÚNDEZ, J. *Izquierdas y democracia en Chile*. Santiago: Ediciones BAT S.A, 1992, p. 204).

11 A Izquierda Cristiana (Esquerda Cristã) foi um partido nascido na ala esquerda do PDC e que, em 1971, rompeu com ele e se integrou a UP.

12 *Ibidem*, p. 19-21

"a nacionalização das riquezas básicas, a reforma agrária, a estatização dos bancos e das grandes indústrias. É neste congresso que foi sustentada a possibilidade de avançar ao socialismo pela via não armada a partir da conquista do governo pelo movimento popular".[13] Tal direcionamento permaneceu até o XIV Congresso Nacional do PC, em 1969, quando se definiu pela luta por um governo basicamente popular, sob o lema "Unidade Popular para conquistar um Governo Popular".[14]

De acordo com Júlio Faúndez, no final da década de 1960 o PC seguia a estratégia da *frente de libertação nacional* conforme foi formulada no início dos anos 1950 pela URSS. Na prática política, esta estratégia subentendia conceber a revolução socialista como um processo a ser realizado em etapas distintas. Na primeira, denominada nacional-democrática, as forças populares deveriam aliar-se aos partidos que representassem as forças burguesas progressistas para obter apoio e realizar as tarefas democráticas definidas como primordiais: isolar a oligarquia de latifundiários, o imperialismo e o capitalismo monopolistas. Logo que tais tarefas estivessem cumpridas, iniciar-se-ia a etapa de transição ao socialismo.[15]

Segundo Michel Lowy, em seu livro *O marxismo na América Latina*, a opção estratégica do PC neste período caracterizou uma postura mais moderada no governo e baseada na tentativa de assegurar uma relação amena entre a UP e as forças burguesas consideradas progressistas e nacionalistas, o diálogo com a Democracia Cristã (DC) e a colaboração com as Forças Armadas.[16] Sendo assim, o esforço comunista durante a *experiência chilena* baseou-se, por um lado, na firme condenação a qualquer tentativa de organizações de esquerda de utilizar meios extraparlamentares de luta e, por outro, na determinação de chegar a um entendimento com o PDC que permitisse ao governo efetivar suas metas.

As análises destacaram a força organizacional e a coerência ideológica do PC como marcas que o tornaram uma força hegemônica na tentativa chilena de buscar um caminho pacífico para o socialismo na América Latina. Próximo ao modelo de partido fraternal e centralizado da URSS, segundo Alan Angell, o PC despertou um alto grau de entrega entre muitos de seus militantes e conquistou uma reconhecida força interna e

---

13 BORGES. *Op. cit.*, p. 51-52.

14 A síntese das principais resoluções deste congresso constam no documento PARTIDO COMUNISTA DE CHILE. *Intervenciones y resoluciones del XIV Congreso*. (Celebrado entre el 23 y el 29 de noviembre de 1969). Santiago, 1970.

15 FAÚNDEZ. *Op. cit.*, p. 200.

16 LOWY, M. (org.). *O marxismo na América Latina: uma antologia de 1909 aos dias atuais*. São Paulo: Editora Fundação Perseu Abramo, 2003, p. 54.

coesão.[17] Suas bandeiras de luta gravitaram em torno da crítica e do combate ao Estado capitalista e aos sectários esquerdistas e pelo controle do movimento operário. Em 1970 possuía uma base de apoio formada por trabalhadores e era um partido forte dentro do movimento operário chileno (base esta que faltou a outros PCs da América Latina).[18] O PC, entre os partidos que compuseram a UP, era o que dispunha de maior apoio eleitoral (15% do eleitorado chileno votava regularmente no PC nos anos 1970).

O PS foi criado em 19 de abril de 1933 a partir da reunião de grupos ideológicos distintos, marcados por uma direção política personalista e com a predominância, entre seus militantes, de setores da pequena burguesia e de intelectuais.[19] Até os anos sessenta sua trajetória política foi marcada pela tentativa de estabelecer uma postura independente diante das grandes correntes do movimento operário internacional. Porém, depois da derrota da Frente Revolucionária de Ação Popular (FRAP),[20] passou a defender a via armada, abdicou da proposta de se tornar uma organização independente e se declarou uma organização marxista-leninista, regida pelos princípios do centralismo democrático.[21]

As principais linhas ideológicas que constituíam o PS, quando da formação da UP em 1969, dividiam-se entre os leninistas, que insistiam no papel revolucionário dos partidos operários e consideravam os sindicatos como local da criação e manutenção da consciência da classe trabalhadora; os castristas, que predicavam a insurreição armada e

17 ANGELL, A. *Partidos políticos y movimiento obrero en Chile*. México: Ediciones Era, 1974, p. 96-97.

18 O PC e os sindicatos ligados a ele eram representativos entre a maioria dos trabalhadores nas zonas de nitrato do norte do país e nas minas de carvão do sul. Base que resistiu à opressão de 1927-1931 e à de 1948-1957.

19 Carlos Altamirano, secretário-geral do PS entre 1971 e 1973, no relato e avaliação que faz da *experiência chilena* no final da década de 1970, enumerou algumas das organizações fragmentadas e seus líderes, que posteriormente formaram o PS, e destaca que seu objetivo era constituir uma vanguarda revolucionária. As organizações foram a Nova Ação Pública (NAP), o Partido Socialista Marxista (PSM), a Ação Revolucionária Socialista (ARS), a Ordem Socialista, o Partido Socialista Revolucionário, o Partido Socialista Unificado e outros. Nelas teriam militado pessoas que se destacaram tanto nas assembléias estudantis quanto nas agitadas lutas operárias: Oscar Schnake, Marmaduque Grove, Eugênio Matte, Eugênio González, Salvador Allende, Augusto Pinto e Carlos Alberto Martinez – os dois últimos eram operários. ALTAMIRANO, C. *Dialética de uma derrota. Chile 1970-1973*. São Paulo: Brasiliense, 1979, p. 13.

20 A FRAP foi uma aliança eleitoral entre comunistas e socialistas, iniciada em 1956, que rompeu 20 anos (1936 a 1956) de coalizão do PC e do PS com partidos considerados representantes da "pequena burguesia reformista" chilena, no caso o PR. Este, até então, era majoritário nas coligações e, sendo assim, indicava o candidato para encabeçar as alianças. De 1956 até a formação da UP, a FRAP só incorporou partidos de esquerda e lançou candidatos que representavam os trabalhadores..

21 VALLE, J. e DÍAZ, J. *Federación de la Juventud Socialista. Apuntes Historicos. 1935-1973*. Chile: Ediciones Documentas, 1987, p. 50.

esperavam que os sindicatos desorganizassem o sistema existente formando, junto com os trabalhadores rurais, as tropas que levassem a cabo a revolução; e os moderados ou social--democratas (porém muito mais radicais que os europeus), que defendiam o caminho econômico e a estratégia eleitoral.[22] A grande diferença entre estes segmentos estava mais em suas táticas que nos seus fins.

Quando se formou a UP, os castristas tinham forte penetração na juventude socialista e se expressavam na revista *Punto Final*. Seu porta-voz era Carlos Altamirano. Os moderados, fração mais numerosa do PS, tinham Salvador Allende como dirigente extra-oficial, mas não possuíam uma organização independente ou um jornal. A principal característica deste grupo era a predisposição para formar alianças com partidos não socialistas, como o Partido Radical (PR), porque isto representava uma vantagem eleitoral. Foram os moderados que lideraram a campanha eleitoral de 1964 e conseguiram, especialmente devido à representatividade política de Salvador Allende, formar a UP em 1969.

A tese sobre a natureza da revolução no Chile incorporada por setores do PS na época da formação da UP chamava-se "frente de trabalhadores". Propunha uma aliança entre partidos políticos que representassem os interesses do proletariado e das camadas populares em geral, o rechaço a uma aliança com organizações políticas da burguesia e concebia a revolução como um processo único, no qual as tarefas democráticas e socialistas deveriam ser realizadas simultaneamente.[23] Para os socialistas, o programa da UP deveria ser uma reafirmação da "frente de trabalhadores" e, sendo assim, o futuro governo, em uma única etapa, precisaria combinar as tarefas democráticas e nacionais contra a oligarquia local e o imperialismo e, ainda, realizar projetos socialistas.

Tal posicionamento do PS reforçava-se no diagnóstico definido no XXII Congresso do partido realizado em Chillán no ano de 1967 quando, ao discutirem o desenvolvimento da "frente de trabalhadores", optaram pela luta armada como via de acesso ao poder.[24] Conforme Carlos Altamirano, a definição pela via armada não pressupunha o uso da violência em todas ou algumas fases do processo; ao contrário, considerava a utilização, enquanto fosse possível e eficaz, da institucionalidade burguesa e das formas legais de luta. No entanto, seu diferencial era defender a organização de uma vanguarda revolucionária dos trabalhadores para agir com recurso à violência, se necessário, nos instantes decisivos da luta política.[25] Como demonstraremos no decorrer deste trabalho, o recurso à violência foi colocado em pauta pelo PS ao longo

22 ANGELL, *Op. cit.*, p. 110.

23 FAÚNDEZ, *Op. cit.*, p. 200-202.

24 VALLE e DÍAZ *Op. cit.*, p. 51.

25 ALTAMIRANO, *Op. cit.*, p. 54.

de todo o período de governo da UP e, nas mensagens visuais das suas brigadas, apareceu relacionada ao modelo revolucionário cubano tido como exemplo de conduta revolucionária.[26]

No entanto, diante das possibilidades eleitorais abertas para os partidos de esquerda em 1970, o PS aceitou compor uma coligação mais ampla, que incluísse o PR (que considerava representante da pequena burguesia), e a via pacífica como estratégia política de transição ao socialismo. Postura que corrobora a tese de Júlio Faúndez de que o PS, apesar de defender a formação da "frente de trabalhadores" e de ser composto por uma base militante que, em grande medida, defendia estratégias revolucionárias caracteristicamente ultra-esquerdistas, nunca abandonou realmente a possibilidade parlamentar, mantendo uma conduta ambígua.

Salvador Allende, respeitado por sua ampla trajetória política,[27] candidato à presidência em quatro eleições seguidas (1952, 1958, 1964 e 1970) e presidente do Chile a partir de 1970, marcou sua conduta, entre 1970 e 1973, pela tentativa de estabelecer o equilíbrio entre os partidos de esquerda. No período de formação e elaboração do programa da UP, Salvador Allende esteve, estreitamente, identificado à linha política do PC e, sendo assim, se tornou alvo de críticas dos novos grupos considerados de extrema-esquerda que faziam parte do PS e dos que estavam fora dele, no caso, o MIR. Como o PS, o MIR pautava sua conduta em estratégias divergentes em relação ao PC e estava profundamente identificado com a Revolução Cubana.[28]

Com base nos relatos de Joan Garcés (assessor direto da presidência entre 1970 e 1973), Salvador Allende advogava a necessidade de um apoio mais amplo do que o da maioria dos trabalhadores, pois considerava que, em um sistema democrático representativo, os trabalhadores não poderiam usar o poder do Estado, em um sentido anticapitalista, sem estruturar relações sociopolíticas com os setores populares e médios de oposição.[29]

---

26 De acordo com Michel Lowy, a "Revolução Cubana subverteu claramente a problemática tradicional da corrente marxista até então hegemônica na América Latina. Por um lado, demonstrou que a luta armada podia ser uma maneira eficaz de destruir um poder ditatorial e pró-imperialista e abrir caminho para o socialismo. Por outro lado, demonstrou a possibilidade objetiva de uma revolução combinando tarefas democráticas e socialistas em um processo revolucionário *ininterrupto*". LOWY. *Op. cit.*, p. 45.

27 Salvador Allende, médico cirurgião, foi deputado por Quillota e Valparaíso (1937-1941), Ministro da Saúde (1939) no governo de Pedro Aguirre Cerda, Senador por Valdívia, Llanquihue, Chiloé, Aysén e Magallanes (1945); Senador por Valparaíso e Aconcágua (1961); Presidente do Senado (1966-1968); Senador por Chiloé (1969); Presidente da República (1970-1973). Sobre biografia e cronologia da trajetória política de Salvador Allende ver ALEGRIA, F. *Salvador Allende. Paz pelo socialismo*. São Paulo: Brasiliense, 1984.

28 É importante ressaltar que nesta etapa muitos membros da FJS ingressaram no MIR que, mesmo sendo pequeno, atraía militantes devido às suas táticas extraparlamentares abdicadas pelos socialistas quando aceitaram, objetivamente, a viabilidade da tática eleitoral e uniram-se à UP. Ver VALLE; DÍAZ. *Op. cit.*.

29 GARCÉS, J. *Allende e as armas da política*. São Paulo: Página Aberta, 1993, p. 43.

O discurso presidencial constituiu uma estratégia própria que se colocava entre as teses dos dois partidos quanto à transição, pois se sustentava no cumprimento de um programa de governo que se propunha a abrir um processo revolucionário em uma perspectiva socialista, contemplando a incorporação dos interesses do conjunto dos trabalhadores e outorgando-lhes um rol na direção governamental, através de disputas legais.[30]

Na prática, isso significava valorizar a "classe trabalhadora", tornando-a hegemônica através da competição democrática com outras frações sociais. Expressava também o pluralismo que caracterizou a via política defendida por Salvador Allende e a sua concepção de que, naquele momento histórico, a transformação e a criação de um novo sistema político baseado em uma transformação social, política e cultural radical podia se realizar democraticamente se houvesse o apoio das maiorias. Esta é uma constatação-chave para pensarmos o duplo significado que pode ser atribuído à propaganda visual da UP e de seus principais partidos. Por um lado, Salvador Allende apostou na conquista dos votos por meio de formas legais de luta e estabelecendo como objetivo primordial a reunião ativa da população na defesa da realização do programa do governo. De outro lado, a heterogeneidade das mensagens de propaganda dos partidários ou integrantes da UP, como veremos, demonstram a profundidade do pluralismo político presente na experiência chilena.

Para resolver as diferenças e obter apoio dos ultra-esquerdistas do PS, Salvador Allende ressaltou "credenciais revolucionárias" que atestavam sua admiração pela Revolução Cubana. Conforme destacou Julio Faúndez, o presidente socialista lembrou sua participação na fundação da Organização Latino-Americana de Solidariedade (OLAS), criada em Havana em 1966, depois da conferência tricontinental que tinha como objetivo promover o socialismo na região. Além disso, Salvador Allende demonstrava aprovação da conduta dos dirigentes revolucionários cubanos e procurava harmonizar contraditórios pontos de vista que favoreciam, ao mesmo tempo, a luta eleitoral no Chile e a luta armada

30 Conforme definiu Alberto Aggio ao tratar a relação entre socialismo e democracia no Chile, "é importante deixar claro que a transição pela via socialista de que falava Allende deveria se fazer no interior da legalidade existente, aprofundando e concretizando o conteúdo democrático e formal do Estado e ser sustentada pela mobilização de massas. A via socialista deveria ser capaz, nestas circunstâncias, de articular simultaneamente criação socialista e resolução do problema do poder como processos construtivos de desarticulação da dominação capitalista. Aqui ressoam ecos significativamente fortes do 'socialismo de esquerda' europeu que, à época, criticando o comunismo soviético e a direitização social-democrática dos partidos socialistas da Europa Ocidental, procurava encontrar uma alternativa que vinculasse reforma e revolução" (AGGIO, A. *Revolução e democracia no nosso tempo*. Franca: Editora da UNESP, 1997, p. 59-60).

no resto da região.[31] No mesmo período, Fidel Castro, sob pressão de Moscou, matizou seus discursos revolucionários.

Salvador Allende conquistou o apoio do PS para a formação da UP e a elaboração de um programa tendo a via pacífica como concepção dirigente. No entanto, conquistada a vitória eleitoral, as divergências entre comunistas e socialistas em torno da estratégia revolucionária rapidamente voltaram a pautar os debates da coligação ao ponto de dificultar decisões emergenciais do governo. A impossibilidade de estabelecer a unidade da coligação para afirmar a via pacífica como uma concepção dirigente e a UP como ator político da via chilena ao socialismo fez de Salvador Allende representante de uma terceira força, o poder executivo, através do qual procurou garantir a unidade do governo.

Nesse sentido, a UP assumiu o governo chileno em 1970 dispondo de dois agentes centrais de sua luta revolucionária: Salvador Allende e um movimento político e social heterogêneo e disposto a transformar a sociedade. Salvador Allende encampou uma batalha político-institucional no parlamento pela aprovação de leis e projetos condizentes com as prioridades do programa da UP, apostando em negociações com a DC. É importante lembrar que Salvador Allende venceu as eleições com pouco mais de um terço do eleitorado chileno, sendo que os dois terços restantes ficaram divididos de maneira equilibrada entre o candidato do Partido Nacional (PN) e da DC. Desta forma, o governo dependia do apoio dos democratas cristãos para obter a aprovação das mudanças dentro da legalidade vigente.[32]

O movimento político e social que dava sustentação ao governo, segundo Patrício Quiroga, era um ator social coletivo "composto por partidos políticos e organizações sindicais (componentes classistas), bem como por mulheres, jovens, moradores de periferia, intelectuais e marginalizados em geral, aos que se agregavam diversos grupos étnicos (*mapuches*, ciganos, *aymaras*)".[33] Essa base de apoio era considerada a garantia do aumento da produção e da mobilização nas ruas para denunciar os boicotes da oposição e demonstrar a força do apoio social ao governo. Tal perspectiva estava na base do programa de governo da UP, que se colocava como uma alternativa nacional, popular e revolucionária para o país, atribuindo aos militantes o papel de intérpretes das reivindicações populares e responsáveis pela organização, orientação e mobilização das massas para a efetivação das

---

31 FAÚNDEZ. *Op. cit.*, p. 175.

32 O resultado eleitoral de 4 de setembro de 1970 foi o seguinte: 36% dos votos para Salvador Allende (UP), 35% para Jorge Alessandri (PN), e 28% para Radomiro Tomic (PDC).

33 QUIROGA, P. (org.). *Salvador Allende. Obras escogidas (1970-1973)*. Barcelona: 1989, p. 12. Tradução da autora

tarefas que lhe cabiam na luta.[34] As premissas da via pacífica dependiam, assim, da força e da autoridade do governo e do apoio proporcionado pelo povo organizado para efetivar as mudanças estruturais que a situação nacional exigia: a transição do poder dos antigos grupos dominantes para os trabalhadores, camponeses e setores progressistas da cidade e do campo.

No entanto, é importante ressaltar que segmentos desta base de apoio coletivo, em especial no último ano de governo, tomaram rumos que contrariavam a via pacífica, mesmo quando associados aos partidos governistas. Trata-se aqui das mobilizações e ações encampadas por segmentos do PS, com o apoio de importantes lideranças, como Carlos Altamirano (secretário-geral do PS entre 1971 e 1973), do MAPU e do MIR. Tais iniciativas nasceram, segundo declarações do próprio Carlos Altamirano, da realização de "funções de colaboração e controle sobre os organismos do governo. Porém, mais tarde, transformaram-se em instrumento de poder autônomo, ganhando força e influência dentro do processo".[35] Passaram então a atuar à margem das organizações tradicionais do operariado (CUT, confederações camponesas, sindicatos) e ganharam destaque pelas respostas imediatas aos golpes elaborados pelos partidos de oposição, centrando suas formas de ação na edição de periódicos, confecção de murais, publicação de folhetos, lançamento de panfletos etc., às vezes defendendo e até utilizando o recurso à violência. Essa conduta contraditória se expressava nas mensagens difundidas em diferentes murais, especialmente os das brigadas da juventude socialista, e de alguns cartazes e murais sem autoria definida ou produzidos por artistas isolados.

A opção pela via pacífica e, a partir dela, a defesa do pluralismo político como valor e prática imperante no processo chileno, abriu precedentes para uma ampla mobilização popular. Entretanto, o fato dessa estratégia não ter se tornado hegemônica nos partidos de esquerda, resultou em práticas paradoxais que, junto aos boicotes da oposição, dificultaram o desempenho do governo.

---

34 PROGRAMA DE LA UNIDAD POPULAR Y LAS PRIMERAS 40 MEDIDAS, *Op. cit.*, p. 21;23.

35 O autor cita as seguintes organizações: as Juntas de Abastecimentos e Preços (JAP), encarregadas de organizar e distribuir mercadorias em todos os centros populacionais e de denunciar especulação, câmbio negro e retenção de mercadorias; os Comandos Comunais, que coordenavam os problemas das comunidades como transportes, água, luz elétrica, telefone, esgotos, abastecimento etc.; os Conselhos Camponeses, que tinham a função de ligar os organismos burocráticos do Estado e as exigências da Reforma Agrária; os Comitês de Vigilância da Produção, Comitês de Proteção nas indústrias e Conselhos de Administração nas empresas, os três destinados a assegurar a participação direta e efetiva dos trabalhadores no processo de produção e em sua defesa; e os Cordões Industriais, para coordenar a defesa do operariado industrial nas grandes áreas urbanas (ALTAMIRANO. *Op. cit.*, p. 100-101).

As mensagens visuais produzidas pelas brigadas muralistas e presentes nos cartazes de propaganda da UP, conforme mencionamos acima, expressaram a heterogeneidade de posições e perfis políticos dos partidos e personagens que realizaram a experiência chilena. Porém, o sentido dessas mensagens só pode ser compreendido na sua complexidade se consideramos que representaram uma luta não só política, mas também cultural, pela transição para o socialismo, como analisaremos no ponto seguinte.

Política e cultura: o sentido da propaganda

German González Quiroz, ao analisar a questão da arte e da cultura na via chilena para o socialismo, relacionou o discurso cultural do governo, a produção artística e as reivindicações de artistas para explicitar contradições relevantes nas ações e políticas culturais desenvolvidas na época. Ao abordar as propostas político-culturais do executivo, o autor considera que, pelo fato de Salvador Allende defender a via pacífica e democrática para a transição ao socialismo, tornava-se primordial consolidar no poder do Estado uma nova presença ideológica resultante da consciência de classe revolucionária. Esta deveria agir a partir da estruturação de uma nova cultura que, por sua natureza extensiva e global, levaria para o conjunto da sociedade uma nova imagem nacional revolucionária. Dessa forma, para alcançar a coesão ideológica dos trabalhadores, o governo recorreu às possibilidades de penetração dos partidos de esquerda junto às "massas" para implementarem estratégias de conscientização, pois tomou como prioridade complementar esta difusão ideológica cumprindo de imediato duas metas do programa básico: servir ao povo para demonstrar que o governo era dos trabalhadores e, com isso, contribuir para a unificação ideológica da classe.[36]

Salvador Allende considerava a unificação dos trabalhadores um impulso necessário para realizar o programa mínimo da UP. O presidente socialista entendia que o apoio eleitoral massivo desses setores garantiria uma maioria governista no congresso e, por consequência, aceleraria o processo de mudança institucional. A função do governo, neste sentido, seria cumprir as metas essenciais para beneficiar os trabalhadores enquanto organizações como as brigadas muralistas e a propaganda oficial fariam a difusão das propostas de mudanças através de mensagens visuais.

As políticas culturais da UP também visavam contribuir com a conscientização da população em relação ao programa do governo, mas seu objetivo não se restringia à

36 QUIROZ, G. G. *Arte y cultura en la via chilena al socialismo: El discurso cultural y la producción artística en el gobierno de Unidad Popular.* Monografía – Departamento de Estética, Santiago, 1989, p. 8; 11-12.

conquista de apoio eleitoral. Buscava estabelecer um elo mais profundo entre o povo e a proposta de transição ao socialismo a partir dos seguintes objetivos:

> Las profundas transformaciones que se emprenderán requieren de un pueblo consciente y solidario educado para ejercer y defender su poder político, apto científica y técnicamente para desarrollar la economía de transición al socialismo y abierto masivamente a la creación y goce de las más variadas manifestaciones del arte y del intelecto.
> Si ya hoy la mayoría de los intelectuales y artistas luchan contra las deformaciones culturales propias de la sociedad capitalista y tratan de llevar los frutos de su creación a los trabajadores y vincularse a su destino histórico, en la nueva sociedad tendrán un lugar de vanguardia para continuar con su acción. Porque la cultura nueva no se creará por decreto; ella surgirá de la lucha por la fraternidad contra el individualismo; por la valoración del trabajo humano contra su desprecio; por los valores nacionales contra la colonización cultural; por el acceso de las masas populares al arte, la literatura y los medios de comunicación contra su comercialización.
> El nuevo Estado procurará la incorporación de las masas a la actividad intelectual y artística, tanto a través de un sistema educacional radicalmente transformado, como a través del establecimiento de un sistema nacional de cultura popular. Una extensa red de Centros Locales de Cultura Popular impulsará la organización de las masas para ejercer su derecho a la cultura.[37]

Nesta perspectiva, o Estado deveria assumir o compromisso de conscientização das massas ao elaborar uma política cultural de caráter global que se estendesse do campo educacional aos meios de comunicação. Tal política tinha como princípio a formação de um "novo homem" chileno: este era o resultado esperado das políticas culturais e educacionais da UP e, sendo assim, significava o povo consciente de seu papel de agente do processo de transição ao socialimo.[38] Aos artistas e aos intelectuais atribuiu-se um papel de destaque como vanguardas da nova cultura, cabendo-lhes a tarefa de contribuir para a formação do "novo homem".

Na América Latina a ideia de homem novo teve sua formulação mais característica em Cuba, em torno da figura de Che Guevara. Conforme demonstrou Mariana Villaça, a mitificação de Che como herói e mártir, "transformou-o no próprio modelo do *homem novo* por ele preconizado: ideal de homem voluntarioso, solidário, militante

37 PROGRAMA DE LA UNIDAD POPULAR, *Op. cit.*, p. 40.

38 FISCHER, K. *Political Ideology and Educational Reform in Chile*. Los Angeles: UCLA, 1979, p. 74-75.

disposto a qualquer sacrifício, consciente politicamente de seu papel revolucionário e, principalmente, de seu compromisso com a manutenção das conquistas obtidas com a Revolução Cubana".[39] A ideia de *homem novo* recebeu usos diferentes nos distintos regimes socialistas, mas a autora ressalta "que se sobressaem alguns aspectos comuns nessa diversidade, como a personificação desse ideal no *líder* e o princípio básico da necessidade de sacrifício pela pátria".[40]

A propaganda política é um local privilegiado para consolidar uma determinada representação do homem novo da sociedade socialista. No caso da experiência chilena, não houve um empenho oficial e tampouco dos partidos políticos para associar o homem novo a Salvador Allende. Ao contrário, como procuraremos demonstrar, não houve um consenso entre os partidários da UP a esse respeito. Os agentes privilegiados e valorizados no processo de transição ao socialismo foram representados como trabalhadores e jovens estudantes anônimos, no caso da propaganda oficial ou da propaganda comunista; e a figura de Che Guevara ou de guerrilheiros foi utilizada nas representações produzidas pelos críticos da estratégia de luta do governo. Além disso, as imagens de propaganda da UP não associaram as representações do homem novo a sacrifícios penosos, individuais ou coletivos, em benefício da futura sociedade. Ao contrário, predominaram imagens de pessoas alegres, dispostas e otimistas na realização das mais difíceis tarefas revolucionárias.

A relação entre o nacional e o popular na proposta cultural da UP constitui outro aspecto importante para a compreensão da propaganda visual da experiencia chilena. Como sintetizou o sociólogo chileno José Joaquim Brunner, a concepção de povo e a função do Estado nesta relação representavam a opção da esquerda chilena reunida no governo de que a integração das massas à vida cultural estaria relacionada à compreensão do popular como expressão do nacional e vinculada à busca de uma aliança de classes para a construção da nova sociedade.[41]

39 VILLAÇA, M. M. "Representações de Che Guevara na canção latino-americana". Projeto História, São Paulo, n. 32, jun. 2006. p. 356. A preocupação com a formação de um "homem novo", segundo Marcelo Ridenti, era condizente com a utopia revolucionária romântica da década de 1960 que "valorizava acima de tudo a vontade de transformação, a ação dos seres humanos para mudar a História, num processo de construção do homem novo, nos termos do jovem Marx recuperados por Che Guevara". (RIDENTI, M. Em busca do povo Brasileiro: artistas da revolução do CPC à era da TV. Rio de Janeiro: Record, 2000, p. 24.) Para entendermos a etimologia do conceito, os textos consultados foram: GUEVARA, E. El socialismo y el hombre en Cuba. In: *La Rosa Blindada*. Una pasión de los 60. Argentina: Ediciones La Rosa Blindada, s/d; e FERNANDES, Florestan. *Da guerrilha ao socialismo*: a Revolução Cubana. São Paulo: T. A. Queiroz, 1979.

40 VILLAÇA, M. M. *Op. cit.*, p. 357.

41 BRUNNER, J. J. *Cultura y Modernidad*. Ciudade do México: Grijalbo, 1992, p. 291-292.

A ideologia nacional-popular fundamentou a definição do conteúdo e do tipo de manifestação artística e conhecimento intelectual que deveria ser legitimado para que se constituísse uma "nova cultura". O nacional, como era defendido no programa da UP, identificava-se com o popular e resgatá-lo significava construir a memória em uma perspectiva oposta àquela das camadas dominantes. O povo era a representação do nacional e se dividia entre vanguarda e massa, sendo que esta constituía a parte do povo sem a consciência de seus próprios interesses e que, por essa razão, não se organiza para defendê-los. Já a vanguarda assumia a função de educar e dirigir as massas de acordo com seus interesses. Eram essas as perspectivas dos Partidos Comunistas para fundamentar sua bandeira de luta anti-imperialista pautada na aliança de classes. No cerne desse conceito encontra-se o resgate da cultura popular que se relacionava, diretamente, com a construção da identidade cultural e da unidade social no país.[42]

Por último cabe mencionar que o programa cultural da UP esteve em constante debate ao longo dos três anos de governo. Intelectuais do PC e do PS analisaram seus pressupostos e as realizações efetivadas expondo publicamente suas ideias. Um ponto recorrente nas reflexões foi a necessidade de ampliação do significado social da democracia. Em um processo de transição ao socialismo pela via pacífica, como o vivido no Chile, a democracia não poderia implicar somente o direito de participar das eleições, mas a possibilidade de compreender o sentido e a importância dessa participação para assegurar a afirmação do novo governo. Nesse sentido, o socialista Oscar Waiss Band propôs que a revolução cultural fosse estendida a todos os níveis de ensino, atuando como um elemento de capacitação cívica, abarcando inclusive a organização de empresas editoriais para aprofundar a formação doutrinária da futura sociedade.[43]

---

42 De acordo com a categoria de nacional-popular a cultura, durante o governo da UP, também foi tomada como instrumento político na tradição da esquerda nacionalista da época, que se fundamentava nas concepções dos Partidos Comunistas, defendidas ao longo dos anos 1950 e 1960 a respeito do que seria o nacional e o popular. Estas concepções inspiraram vários programas de cultura latino-americanos nas décadas de 1960 e 1970 e se pautaram nas formulações de Antonio Gramsci que deram um lugar de destaque para a cultura nas lutas sociais e políticas, pois considerava a luta cultural um momento essencial na transformação socialista da sociedade. Os textos consultados para a abordagem do conceito de nacional-popular foram Antonio Gramsci (1978), Marilena Chauí (1983), Antônio Albino Canelas Rubim (1987) e Marcelo Ridenti (2000).

43 Este texto foi retirado de um livro elaborado no Instituto de Pesquisas Marxistas, criado durante o governo da UP e editado pela Editora Nacional Quimantú. Aborda o pensamento político do Partido Socialista chileno. As ideias utilizadas constam no capítulo em que se procurou definir o caráter da revolução latino-americana. Nele, o autor, mesmo reiterando as especificidades da compreensão do PS a respeito do processo revolucionário chileno, destaca pontos considerados comuns ao projeto político cultural da UP como um todo (BAND, O. W. In: JOBET, Julio Cézar; CHELÉN R., Alejandro. *Pensamiento teorico y politico*

Em perspectiva semelhante, Carlos Maldonado[44] (crítico de arte e membro do PC) definiu a cultura como lugar de formação das consciências para mobilizar e envolver a população na construção do socialismo e ressaltou a necessidade de democratizá-la. Isto subentendia, além de expandir a cultura às diversas camadas sociais, romper com seu caráter de elite transformando-a em uma cultura popular que tivesse como protagonistas de sua criação os operários, as pessoas nas ruas, as populações das periferias, enfim, todos aqueles excluídos de uma formação intelectual, artística e técnica. Os especialistas em cultura – os intelectuais e os artistas – deixariam de ser protagonistas na nova cultura e passariam a atuar na elaboração de estratégias para o desenvolvimento e a realização da potencialidade criadora das massas.[45] O crítico colocou em evidência uma concepção marxista-leninista de difusão cultural e a ideologia nacional-popular como fundamento cultural da sociedade socialista.[46]

Sob os pressupostos marxistas-leninistas, a produção e a democratização da cultura recebem uma função utilitária e militante, pautada em uma espécie de "pedagogia política" que delegava às realizações artísticas e intelectuais daquele período de transição papéis bem definidos na luta ideológico-cultural pela nova sociedade.[47] Dessa forma, no projeto cultu-

---

del partido socialista. Santiago: Editora Nacional Quimantú, 1972, p.130).

44 Os textos de Carlos Maldonado sobre a política cultural da UP utilizados na pesquisa foram publicados, em sua maioria, no jornal do PC, o *El Siglo*, em um espaço dedicado às questões relacionadas à criação da nova cultura. As definições do posicionamento político de alguns jornais da época estudada encontram-se no trabalho de Patrício Dooner, que compara as posturas da imprensa de direita e de esquerda no período de governo da UP. Neste livro, os jornais *Clarín*, *Puro Chile*, *Las Noticias de Ultima Hora* e *El Siglo* são considerados de esquerda (Dooner, 1989). Outros artigos de Carlos Maldonado sobre o tema da política cultural foram retirados de revistas da época ligadas ao governo ou aos seus principais partidos.

45 MALDONADO, C. "Sin paternalismos: el pueblo trazará su ruta", *El Siglo*, Santiago, 30 ago. 1971.

46 Pautando-nos nas formulações de Jean Marie Domenach, cabe destacar que a política cultural na perspectiva leninista ligou-se diretamente ao modelo de propaganda política formulado por Lenin e que foi responsável pela afirmação da supremacia da propaganda como arma política no século XX. Esta se fundamentava em uma concepção de ensino em que a escola era apenas mais uma base da revolução cultural junto com a música, a crítica literária, as artes e todas estas esferas se inseriam na perspectiva de uma propaganda total. Como também destacou José Joaquim Brunner, as políticas culturais baseadas no modelo leninista selecionam os conhecimentos, as mensagens e os valores que podem ou devem difundir-se, definem o conteúdo ideológico da produção cultural e a restrição da liberdade de expressão (BRUNNER, Op. cit., p. 221-223). Durante a experiência chilena não houve restrição à liberdade de expressão, portanto as manifestações políticas e culturais valorizadas pelo governo e seus partidos disputaram democraticamente espaços com as produções culturais burguesas.

47 Segundo Antonio Gramsci, "deve-se falar de luta por uma nova cultura, isto é, por uma nova vida moral, que não pode deixar de ser intimamente ligada a uma nova intuição da vida, que chegue a se tornar um novo modo de sentir e de ver a realidade e, consequentemente, um mundo intimamente relacionado com

ral da UP e na análise dos seus críticos de esquerda, democratizar a cultura significava, ao mesmo tempo, mobilizar e conscientizar as camadas populares de acordo com a ideologia do PC ou do PS. Por isso era fundamental que as ações político-culturais fossem centralizadas pelos partidos de esquerda ou pelo Estado através de suas instituições culturais.

Tais prerrogativas político-culturais, quando efetivadas pelo governo da UP, foram articuladas com instituições educacionais, meios de comunicação e a indústria editorial, considerados meios importantes de formação de opinião. Sobre esta relação, Kathleen Fischer destacou que o governo e seus partidos buscavam estimular a participação popular, a valorização do trabalho humano, o nacionalismo, a independência em relação à influência cultural estrangeira e a consciência crítica para que as pessoas comuns formassem sua cultura e desfrutassem dela.[48] Pensada a partir desta perspectiva, a educação tinha o papel de reforço da cultura popular. Da mesma forma a política cultural da UP estendeu-se aos meios de comunicação de massa, buscando incorporá-los como componentes da cultura popular, ou seja, livre da dominação do monopólio e da orientação comercial, sujeitos ao controle popular e assumindo como principal função expressar o desenvolvimento de uma nova cultura para esses setores

A tomada da produção artístico-cultural como meio de comunicação e ferramenta de transformação das consciências em um contexto de intensos conflitos de interesses de classes foi, segundo Carlos Catalán, a particularidade da proposta político-cultural da UP. Dessa forma, a cultura assumiu a função de produzir identidades políticas e sociais funcionais para o processo revolucionário de transição ao socialismo, relegando a um segundo plano as dimensões propriamente estéticas ou de entretenimento inerentes aos feitos da cultura.[49] Em outras palavras, as realizações artísticas valorizadas pelo governo e pelos partidos da UP expressaram um viés de propaganda pedagógico-cultural a partir do qual fundamentaram sua eficiência revolucionária para um período de transição.

---

os 'artistas possíveis' e com as 'obras de arte possíveis'" (GRAMSCI, A. *Literatura e vida nacional*. 2. ed. Rio de Janeiro: Civilização Brasileira, 1978, p. 8)

48 FISCHER. *Op. cit.*, p. 84.

49 Além do dinamismo, das dificuldades do ambiente convulsivo, Catalán, referiu-se à existência de significativas diferenças a respeito do que chamava "A Frente Cultural" no interior da coalizão de esquerda. Distintas divergências teriam resultado na adoção de políticas culturais diversas e até contraditórias, implementadas de acordo com a distribuição que fizeram entre os partidos dos organismos estatais vinculados ao campo da cultura (CATALÁN, C. Estado y campo cultural en Chile. Santiago: FLACSO, 1988, p. 13). O autor constatou, assim, os limites da atuação do governo e dos partidos socialista e comunista no âmbito das políticas culturais.

Ações e instituições pela "nova cultura"

Durante o breve período de desenvolvimento da experiência chilena foi possível observar duas formas recorrentes de organização e realização das ações culturais vinculadas ao programa da UP: aquelas provenientes de instituições criadas por iniciativa governamental e as realizadas pelos partidos políticos, artistas ou intelectuais vinculados ou simpatizantes do governo.

No campo das realizações governamentais, algumas ações político-culturais de relevância foram concretizadas: o Congresso Nacional de Educação, realizado em 1971, que teve por objetivo central discutir o projeto da Escola Nacional Unificada (ENU); a Secretaria de Cultura da Presidência da República; o Instituto Nacional de Cultura e Centros Locais de Cultura Popular; as rádios estatais (Rádio Portales, Rádio Emisoras Unidas e Rádio Corporación)[50] e, em especial, a Editora Nacional Quimantú e o Instituto de Arte Latino-americana.

A Editora Nacional Quimantú merece destaque porque seu trabalho de publicações em um nível massivo a tornou o empreendimento que deu maior abrangência à política cultural do governo. Segundo Germán González Quiroz,

> Cada publicación masiva de origen burgués nacional o transnacional tenía su contrapartida en una publicación Quimantú, que asemejándo-se en la forma con la primera, diferia sustancialmente en el contenido cultural e ideológico desarrollado. De esta manera cada sector de opinión en el país, esto es el sector femenino, juvenil, infantil y otros, contaba con una opción de contracultura producida en los mismos términos masificadores que las acostumbradas publicaciones burguesas hasta esos momentos.[51]

Fundada em outubro de 1971, a Editora Nacional Quimantú produziu e distribuiu materiais escolares, revistas, panfletos e livros e criou a Companhia Nacional de Leitura, na qual o governo inseriu uma bibliografia voltada para um consumo massivo.[52]

---

50 Segundo René Largos Farias em seu texto que trata do canto social no Chile durante o governo da UP, em 24 de dezembro de 1970 Allende implantou a circular nº 1 da Secretaria-Geral do Governo na qual estabelecia que todas as rádios difusoras do país deveriam incluir em seus programas 40% de música nacional (15% folclórica e 25% de qualquer outro ritmo ou gênero nacional) (LARGOS. In: LEONARDI, N. (org.). *Chile: de la luz a las tinieblas*. Lima: Instituto de Investigaciones Humanísticas, 1999, p. 35).

51 QUIROZ. *Op. cit.*, p. 44.

52 Publicou a série intitulada *Cuadernos de Educación Popular*, seis cadernos que abordaram os seguintes temas: 1. A Exploração e os Explorados, 2. Exploração Capitalista, 3. Monopólios e Miséria, 4. Esforço de

Com a criação desta editora, objetivava-se ampliar a publicação e a distribuição de livros, barateando-os em relação às grandes edições e, assim, torná-los competitivos com publicações consideradas subliteratura. Na avaliação de Poli Délano, sua política editorial foi um passo fundamental e o mais avançado entre o que se fazia no sentido de realização da revolução cultural no Chile, inclusive se comparado ao que se desenvolveu no campo da música e das artes plásticas.[53]

A Editora Nacional Quimantú expressou assim a tentativa governamental de criar condições para que a produção editorial, alinhada ideologicamente com o projeto político e cultural da UP, pudesse competir no âmbito da indústria cultural. Em outras palavras, a estratégia político-cultural que fundamentou a existência desta editora pôs em evidência a tentativa de se usar as mesmas armas da cultura de massas capitalista para fazer frente a ela. Pressuposto que, como veremos, também embasou a proposta de ação cultural das brigadas muralistas e a valorização da gráfica política produzida no período.

Ressaltamos a criação do Instituto de Arte Latino-americana (IAL) porque desta instituição emanaram ações culturais ligadas ao campo das artes visuais e que ajudam a compreender o lugar que as brigadas muralistas e os cartazes ocuparam na luta político-cultural da UP. O IAL resultou das transformações efetivadas em aparatos culturais como as universidades (segmentos mais dinâmicos dos circuitos da cultura considerada erudita) e na criação de museus de arte com um perfil novo. A Universidade do Chile foi o local onde os efeitos institucionais do debate político sobre a "nova cultura" se manifestaram de maneira mais evidente. Realizou-se uma reforma universitária que transformou antigos institutos em departamentos da Faculdade de Artes e a Faculdade de Belas-Artes criou o IAL. Este abrigou o Museu de Arte Contemporânea, a Sala Universitária, o Museu de Arte Popular e o Museu de Arte Latino-americana, onde se realizaram as exposições *America no invoco tu nombre en vano*, *Homenaje al triunfo del pueblo*, *El arte brigadista* (que incluía trabalhos das BRPs e Inti Peredo), *El pueblo tiene arte com Allende* e *Exposición de las cuarenta medidas*.

Classe, 5. Imperialismo e Dependência, 6. Capitalismo e Socialismo. Também foi publicada uma série de quadrinhos para adultos chamada *La Firme*, considerada uma revista de educação e informação popular. Outras publicações relacionadas à Editora Nacional Quimantú constam em FISCHER. *Op. cit.*, p. 87-90.

53 DÉLANO. In: LEONARDI, op. cit., p. 26. Os textos de Poli Delano, René Largo Farias e Osvaldo Reyes resultaram das comunicações apresentadas em uma mesa-redonda sobre a cultura chilena durante o governo da Unidade Popular, promovida pelo Centro de Estudos Econômicos e Sociais do Terceiro Mundo (CEESTEM) no México, em 26 de abril de 1982. Atividade que fez parte de um programa de investigação e difusão das atividades artísticas ligadas aos processos de libertação anti-imperialista e de reivindicações sociais dos países considerados de Terceiro Mundo. Nanda Leonardi, organizadora do livro, fez parte deste projeto idealizado pelo CEESTEM.

No conjunto, essas instituições passaram a dar um peso maior ao significado político-ideológico das obras e das atividades artísticas por elas promovidas. O IAL, criado em 29 de dezembro de 1970, expressou a maneira como o projeto político e as contingências sociais daquele momento impactaram no campo das artes e transformaram as relações entre arte e cultura, estética e política. O papel desenvolvido pelo IAL entre 1970 e 1973 foi assim descrito no catálogo de uma exposição retrospectiva:

> El instituto propuso en un breve plazo constituir un centro especializado con énfasis en la investigación, la documentación visual y escrita, con una decidida política de publicaciones. Muy pronto, este se convierte en uno de los centros principales de discusión e impulsor de las nuevas políticas en lo cultural; su preocupación inmediata fue crear las condiciones adecuadas para respaldar la gestión de salvador Allende, sumando desde el principio a los intelectuales y artistas como agentes activos del "gobierno popular". Es un momento en que existe plena conciencia de que el artista está ligado a su destino social y histórico y su labor debe contribuir a crear las condiciones que permitan superar la situación de postergación y subdesarrollo del país.[54]

No IAL foram realizados sucessivos encontros que permitiram o debate aberto entre artistas e público sobre o significado social e cultural de uma produção artística comprometida com as mudanças revolucionárias propostas e iniciadas pelo governo de Salvador Allende. Além disso, o instituto assumiu abertamente o objetivo de desenvolver uma programação que privilegiasse o sentido latino-americanista das produções artístico-culturais. Isto significava que toda exposição ou atividade cultural deveria ter como pressuposto a proposta tradicional da unificação da América Latina, impulsionadas pelas conquistas da esquerda chilena e pelas lutas anti-imperialistas idealizadas antes da Revolução Cubana e desenvolvidas a partir da sua efetivação.[55]

No ano de 1972, o IAL organizou, em conjunto com a Casa de las Américas, em Cuba, o Encontro de Artes Plásticas Latino-americanas, cujo tema foi "Artes Plásticas e Luta Revolucionária".[56] De forma geral, os participantes debateram sobre as formas de

54 FALLETO, E. *et al. 1950-1973: Entre modernidad y utopía*. Santiago: s/ed., 2000, p. 85.

55 QUIROZ. *Op. cit.*, p. 38-39.'

56 As reflexões e formulações a respeito da produção cultural realizada no Encontro de Artes Plásticas Latino-americanas foram publicadas na revista cubana *Casa de las Américas* (set.-out. 1972). O encontro reuniu delegados – pintores, escultores, artistas gráficos e críticos de arte – de dez países da América Latina: Argentina, Brasil, Colômbia, Cuba, Chile, México, Panamá, Peru, Uruguai e Venezuela. No encerramento houve uma exposição de artes plásticas contemporâneas com 231 obras de 129 artistas latino-americanos e a elaboração de uma declaração de solidariedade com a luta do povo vietnamita (LOREDO, Carlos Piñeiro. "Artes plásticas y lucha revolucionaria (mesa redonda)". *Casa de las Américas*, La Habana, n. 74, p. 151-159, set./out. 1972).

expressão artística condizentes com a luta pela libertação da América Latina e ressaltaram que elas deveriam representar valores opostos ao do modelo capitalista de sociedade. Tais propósitos ficaram claros nas declarações do crítico de arte e diretor do IAL no período, Miguel Rojas Mix, ao afirmar que não se tratava de um evento para discutir arte, mas a revolução latino-americana e a necessidade do engajamento dos artistas em uma frente cultural de luta contra o imperialismo. Em outras palavras, buscava-se incentivar os artistas a produzirem uma arte comprometida com a construção do socialismo na América Latina a partir da troca de experiências e do compromisso com a denúncia política.[57]

Estabelecia-se assim uma relação direta do padrão estético da nova arte com a sua suposta eficácia política. As técnicas de arte universais, se utilizadas, deveriam servir para aprofundar o "estilo latino-americano" e promover sua socialização no espaço público, como fizeram os muralistas mexicanos. O cartaz foi eleito como gênero ideal para esse fim e, portanto, deveria deixar de ser considerado uma arte de segunda categoria, pois representava a possibilidade efetiva de multiplicação das mensagens.[58]

Além de Miguel Rojas Mix, participaram do evento os seguintes artistas chilenos: Eduardo Garreaud, Lautauro Labbé, Guillermo Nuñez, Alejandro González e o espanhol radicado no Chile, José Balmes. Alejandro González era o diretor artístico das BRP e, segundo Eduardo Castillo, a proposta do Encontro significou um impulso de aproximação da atividade destas brigadas com o terreno próprio das artes.[59]

Outra realização cultural relacionada com as iniciativas oficiais da UP e que atestou a importância atribuída às brigadas muralistas foi a publicação do livro *Pintura Social en Chile*, do crítico de arte Ernesto Saúl.[60] Publicado em 1972 pela Editora Nacional

57 *Ibidem*, p. 152-157.

58 Tanto o muralismo – valorizado nos redutos artísticos burgueses –, quanto o cartaz – diretamente ligado à publicidade comercial – foram valorizados porque representaram elementos da herança cultural capitalista que eram úteis aos objetivos revolucionários da esquerda chilena. Segundo Antonio Albino Canelas Rubim, a "herança cultural" é um tópico crucial no debate entre marxistas sobre política cultural regido por uma questão já estabelecida pela Revolução Russa sobre o que fazer com a cultura herdada da burguesia e das antigas classes dominantes. Com exceção do movimento de cultura proletária (Proletkult), a decisão pela assimilação crítica da herança cultural foi unânime entre os marxistas. Porém este autor ressalta que os critérios de assimilação não são uniformes nem dependem da qualidade intelectual, artística ou estética da obra e sim, muitas vezes, está diretamente ligada ao seu forte viés político-conteudista. Sobre este tema ver Antonio Albino Canelas Rubim (1987 e 1989).

59 CASTILLO ESPINOZA, E. *Puño y letra. Movimiento social y comunicación gráfica en Chile*. Santiago: Ocho Libros Editores, 2006, p. 132.

60 SAÚL, E. *Pintura Social en Chile*. Santiago: Editora Quimantú, 1972.

Quimantú, o livro integrou a coleção *Nosotros los Chilenos* (Nós, os chilenos),[61] cujo propósito foi apresentar testemunhos de artistas locais das diferentes áreas sobre os gêneros artísticos considerados representativos da "identidade nacional popular" chilena. O livro *Pintura Social en Chile* deveria cumprir essa missão no campo das artes visuais.

Para Ernesto Saúl, a pintura mural e a gravura eram as expressões plásticas mais representativas da sociedade chilena. Nas palavras do crítico:

> La íntima conexión entre artista e sociedad, entre arte y política, entre arte y vida, se refleja, especialmente en el arte mural y el grabado. El mural es una forma de expresión mucho más universal que el cuadro de caballete. El mural se pone en contacto con la multitud, dialoga con ella. El grabado, por su parte, convierte la posibilidad de multiplicación en un arma de combate."[62]

Nesta perspectiva, o valor do mural e da gravura encontrava-se na ligação de ambas com a sociedade, podendo representá-la (dialoga com as multidões) ou servi-la (convertendo-se em uma arma de combate). Ou seja, além de registrarem a "identidade nacional popular" de uma sociedade, participavam ativamente de processos revolucionários:

> Los caminos del arte mural se cruzan a comienzos del siglo XX en México. Ambos se hermanan en la revolución, cogen las armas, combaten. Uno habla desde el muro, lanza ardientes proclamas, se hace gigante en el afán de alcanzar a todos los hombres en todos los lugares. El grabado, breve, incisivo, mordaz, circula de mano en mano difundiendo su mensaje. En Cuba el grabado crece, alimentado por la revolución, y se transforma en el cartel, acercándose al mural. En Chile el mural se despoja de tecnicismos, se amolda a cualquier muro, pierde el afán de posteridad y se aproxima a la levedad del grabado.[63]

O sentido revolucionário do mural e da gravura foi estendido aos cartazes, aproximando a argumentação de Ernesto Saúl às perspectivas de uma arte revolucionária latino-americana, como observamos nas formulações do Encontro de Artes Plásticas.

A origem social e coletiva do cartaz e do mural, para Ernesto Saúl, é o que os aproxima e lhes atribui o papel revolucionário de arte de propaganda. No entanto, é preciso observar que a natureza artesanal e militante da pintura mural e a natureza "industrial"

---

61 Além do tema da pintura a coleção *Nosotros los Chilenos* abordou o desenvolvimento do cinema, da música, do artesanato, entre outros campos culturais chilenos.

62 *Ibidem*, p. 6.

63 *Ibidem*, p. 45.

e profissional dos cartazes produzidos entre 1970 e 1973 resultaram de envolvimentos diferenciados com o projeto da UP e, sendo assim, as tradições artísticas mobilizadas expressaram funções políticas e artísticas diferentes, mesmo quando as contingências político-culturais permitiram sua aproximação.

Os artistas e a "nova cultura"

Conforme mencionamos inicialmente, grande parte das ações artísticas e intelectuais voltadas para a realização das transformações culturais previstas no programa da UP foram assumidas por partidos políticos, movimentos culturais, produtores culturais autônomos e um conjunto de organizações paralelas ligadas a universidades e/ou interesses privados. Alfonso Calderón (intelectual que participou do governo da UP) constatou que o apoio de artistas e intelectuais ao projeto político e cultural do governo deveu-se à compreensão das mudanças culturais como uma oportunidade do povo chileno reconhecer o seu valor e se tornar protagonista da construção de seu futuro.[64]

De acordo com Poli Délano, muitos literatos envolveram-se na massificação de mensagens de apoio e conscientização da população em torno das propostas da UP. Alguns assumiram tarefas regulares do processo revolucionário (nas Juntas de Abastecimento e Preços – JAPs, por exemplo), outros apostaram nas suas habilidades como escritores estimulados pela possibilidade de publicar sua obra pela Editora Nacional Quimantú.

Ainda no campo literário, houve um incentivo à publicação de obras do chamado "escritor operário", com o apoio da Universidade Técnica do Estado (UTE). O único livro publicado foi o *Relato de um brigadista*, no qual um brigadista das BRP narra suas experiências ao percorrer o Chile de Norte a Sul para fazer campanha eleitoral para Salvador Allende. O autor era um jovem operário da periferia de Santiago e seu livro foi um dos primeiros publicados por um operário.[65]

Também ocorreram importantes realizações de músicos em favor do governo da UP. Valorizou-se o *canto social* e, a partir dele, a obra da folclorista Violeta Parra. Deixou-se de falar apenas de amor, do caminho, dos raios da lua, passando a tratar de questões que o caracterizaram como canto-denúncia, canto de protesto.

---

64 CALDERÓN. In: SOSNOWSKI, S. et al. *Cultura, autoritarismo y redemocratisación en Chile*. Santiago: Fondo de Cultura Económica, 1993, p. 24-25.

65 No texto, Poli Délano aborda autores que se engajaram no processo e publicaram livros pela Editora Quimantú. São eles: Guillermo Atías; Fernando Jerez; Manuel Miranda Sallorenzo; Antonio Skármeta; Ariel Dorfman; Luis Dominguez e Antonio Avaria (DÉLANO. In: LEONARDI. *Op. cit.*, p. 29).

A difusão de uma nova concepção musical começou em 1963 com o programa de rádio *Chile Ríe y Canta* realizado aos domingos, e se transformou em uma instituição folclórica divulgada em *peñas* (locais onde os músicos se reuniam para cantar e debater política), revistas, discos, turnês por todo o país. Estes locais ampararam todos os músicos que deram vida à Nova Canção Chilena (NCCH),[66] contribuindo para seu crescimento e difusão com um vasto programa até 11 de setembro de 1973.[67]

A Discoteca do Cantar Popular (DICAP)[68] e o apoio da Organização Nacional do Espetáculo (ONAE) foram de fundamental importância para a difusão da NCCH. Dentre os temas abordados nas canções constaram a reforma agrária, as quarenta medidas do Governo Popular, o ideal de *Homem Novo*, o programa da UP, os trabalhos voluntários, a nacionalização do cobre, homenagens às BRP, entre outras.

No ritmo da NCCH, o ambiente cultural do governo da UP passou a ser caracterizado pela expansão da cultura popular folclórica que acabou por se tornar uma modalidade alternativa e de contestação das formas até então hegemônicas nas esferas artísticas. Estas atividades somaram-se às ações das universidades e dos organismos de desenvolvimento social, apoiados pelo Ministério da Educação e outras entidades governamentais que viram na promoção da cultura popular um fator de afirmação do projeto de transição ao socialismo. Com o apoio da UP, estas organizações ampliaram seu espaço de atuação e sua administração se deu sob os signos da esquerda e com claras conotações militantes.[69]

As brigadas muralistas e suas pinturas de caráter efêmero nasceram e se consolidaram no âmbito destas manifestações militantes, inicialmente baseadas no objetivo de fazer uma propaganda direta das primeiras quarenta medidas do programa da UP. Ao longo do processo iniciado depois da vitória, as brigadas muralistas atuaram estimuladas pela possibilidade de contribuir para a "revolução cultural" ou a criação da "nova cultura". Algumas delas transformaram seu trabalho de propaganda em um projeto de socialização da arte entre as camadas populares e, gradualmente, alcançaram reconhecimento social e cultural materializado na realização de exposições dos murais em redutos consagrados das artes plásticas no país. Seus trabalhos foram descritos pelos críticos favoráveis as suas propostas como uma genuína representação da arte popular chilena resultante do proces-

---

66 Para uma abordagem mais aprofundada sobre a Nova Canção Chilena, ver Osvaldo Musso Rodrigues (1988), Cláudio Rolle (2000), Eduardo Carrasco (2000), Marcos Napolitano (2000), José Manuel Garcia (2001) e Natália Ayo Schmiedecke (2015).

67 FARIAS. In: LEONARDI. *Op. cit.*, p. 32-37.

68 Gravadora de disco alternativa criada pela juventude do PC para se contrapor ao mercado discográfico e difundir as canções que promoviam o governo e a música folclórica.

69 CATALÁN. *Op. cit.*, p. 15.

so de transição ao socialismo. Conforme analisou Osvaldo Reyes, por um lado a pintura mural das brigadas foi considerada um trabalho de propaganda, mas, por outro, sobretudo para aqueles que viveram o exemplo do muralismo mexicano, representou as primeiras iniciativas dos artistas chilenos saírem das academias para se vincularem à vida do povo. Como nos demais campos artísticos, muitos pintores, desenhistas, escultores, passaram a relacionar diariamente seu trabalho com sua atividade cívica.[70]

---

70 REYES. In: LEONARDI. *Op. cit.*, p. 40-41.

Capítulo 2

Brigadas Muralistas: sentido e origem

O surgimento das brigadas muralistas se deu em dois momentos marcantes da trajetória eleitoral do PC e do PS no Chile: as campanhas pela eleição de Salvador Allende em 1964 e 1970. Depois da reformulação da legislação eleitoral, em meados dos anos 1950, houve um aumento da mobilização política que alterou o equilíbrio das forças, de modo que o PDC se tornou o maior partido político do país e a Frente Revolucionária de Ação Popular (FRAP), uma reunião de partidos de tendências marxistas.[1] Estes, entusiasmados com os resultados eleitorais alcançados na disputa de 1958, iniciaram uma campanha marcada pelo otimismo e por uma disposição militante, que motivou as primeiras criações de murais realizadas coletivamente por brigadas.[2]

A compreensão da denominação "brigada muralista", em uma perspectiva histórica, permite apreender o sentido e a natureza deste fenômeno político-cultural. A ideia de "brigada" remete à forma de organização de trabalhos coletivos que se originou na Rússia nos primeiros anos posteriores à Revolução de 1917. Nesse período formaram-se "'brigadas de escritores', 'brigadas de músicos' etc., e Trotski chegou a propor as 'brigadas de tra-

1 A lei eleitoral é de 1957. Tornou o voto obrigatório e estabeleceu a cédula única para dificultar fraudes. Um dos resultados de sua criação foi o aumento substantivo na participação dos setores populares e das mulheres nos processos eleitorais. (FAÚNDEZ. Op. cit., p. 129-130).

2 A formação da FRAP proporcionou ao PC e ao PS um significativo resultado eleitoral nas eleições presidenciais de 1958: enquanto o primeiro colocado, Jorge Alessandri, obteve 31% dos votos, a FRAP, representada por Salvador Allende, obteve 29%, sendo que o restante dividiu-se entre o PDC (21%) e o PR (15%).

balho' e a militarização de todos os operários".[3] Nesta perspectiva, ao estruturar seu trabalho propagandista em brigadas, os militantes de esquerda realizaram uma transposição do valor do trabalho coletivo em uma sociedade socialista para o campo da produção cultural.

O trabalho em brigadas também foi adotado em Cuba, após a revolução de 1959, como condição essencial para a superação do subdesenvolvimento do país e o sucesso da revolução. Nas palavras de Florestan Fernandes sobre a Revolução Cubana, o "trabalho coletivo desponta como alfa e ômega da revolução: só ele poderia alimentar os fluxos da acumulação socialista a partir da agricultura".[4] A valorização das atividades em brigadas relacionava-se ao fato de que era preciso criar um incentivo moral que transformasse o significado do trabalho para o sucesso dos regimes socialistas. Isto subentendia convencer os indivíduos de que sua força de trabalho não seria mais uma mercadoria, mas uma contribuição fundamental para a construção da nova sociedade, na qual todos seriam os donos dos meios de produção e usufruiriam coletivamente dos bens produzidos. Toda a política cultural deveria orientar-se para este princípio.

Já a prática do muralismo adotada pelas brigadas trouxe consigo a tradição do movimento muralista mexicano que marcou a relação entre arte e revolução na América Latina. O muralismo mexicano nasceu de uma contingência revolucionária e da defesa de uma arte pública, coletiva, reveladora da identidade nacional do povo, em outras palavras, os pintores muralistas pretendiam criar uma arte revolucionária de caráter popular.[5] Os murais conjugaram uma grande quantidade de imagens figurativas reproduzidas de variadas formas – realista, alegórica, satírica – que pretendiam representar a identidade mexicana, buscada nas origens históricas do México e incluindo vários aspectos da cultura pré-colombiana. Iniciado durante a gestão do ministro da educação José Vasconcelos, o movimento muralista mexicano foi idealizado como um projeto cultural capaz de contribuir para a legitimação da Revolução Mexicana. No momento em que os muralistas Diego Rivera e David Alfaro Siqueiros aderiram ao comunismo, integrando-se ao Partido Comunista mexicano, o muralismo assumiu características de uma arte militante ou arte revolucionária que visava substituir a arte burguesa, representada pela perspectiva acadêmica. Os muralistas rejeitaram a "arte de cavalete" e assumiram uma postura de recupera-

3 SCHNAIDERMAN, B. *Os escombros e o mito*. A cultura e o fim da União Soviética. São Paulo: Companhia das Letras, 1997, p. 37.

4 FERNANDES, F. *Op. cit.* p. 136.

5 O movimento muralista mexicano originou-se na década de 1920 e é considerado a expressão artística da Revolução Mexicana iniciada em 1910. Estudos significativos apresentam diferentes abordagens sobre o Muralismo Mexicano e proporcionam uma compreensão global da sua importância histórica. São eles: Octavio Paz (1987), Dawn Ades (1997), Toby Clark (2000) e Camilo Vasconcellos (2003).

ção da cultura popular – no caso mexicano, relacionado com o indígena-camponês, cerne da nacionalidade e, ao mesmo tempo, representação do trabalhador. A tradição indígena, segundo Dawn Ades, serviu de modelo para a construção de um ideal socialista de uma arte aberta para o povo, "uma arte aguerrida, educativa e para todos".[6]

Assim como a Revolução Mexicana, a pintura mural foi uma tentativa de romper com o passado colonial e buscar nas origens nacionais um meio de inserção do México no mundo moderno. Dessa forma, os temas privilegiados pelos artistas foram a história, as paisagens mexicanas e os tipos nacionais relacionados a formas de trabalho e tradições culturais que resultaram em murais monumentais, de lenta realização e alto valor estético.[7]

A influência do muralismo mexicano entre os pintores chilenos remonta à década de 1940 com a chegada dos pintores Xavier Guerrero e David Alfaros Siqueiros. Este último deu palestras na Escola de Belas-Artes da Universidade do Chile e outras instituições, introduzindo novas técnicas de pintura mural e influenciando uma geração de pintores muralistas chilenos que produziram obras dispersas, mas não constituíram uma tradição. Nesta passagem pelo Chile, os pintores mexicanos elaboraram murais na Escola México da cidade de Chillán.[8]

No caso do muralismo brigadista chileno, sua aproximação com o movimento muralista mexicano se deu pela vontade de trabalhar de forma coletiva baseada nos postulados de socialização da arte. Isto representava uma contraposição ao individualismo burguês e, com ele, à pintura de cavalete e qualquer proposta artística voltada para os meios intelectuais elitistas. Segundo o antropólogo argentino Nestor Garcia Canclini a partir da

---

6 ADES, D. *Arte na América Latina*. São Paulo: Cosac & Naify, 1997, p. 151-153.

7 VASCONCELLOS, C. M. *Representações da Revolução Mexicana no Museu Nacional do México (1940-1982)*. Tese (Doutorado em História) – Faculdade de Filosofia, Letras e Ciência Humanas, Universidade de São Paulo, São Paulo, 2003, p. 183.

8 A visita de Guerrero e Siqueiros ao Chile foi muito significativa para os interessados no desenvolvimento da pintura mural e no comprometimento político dos artistas no país. A elaboração do mural na escola de Chillán reuniu como colaboradores alunos de artes plásticas estrangeiros e chilenos. Os participantes chilenos foram: Gregorio de la Fuente, Camilo Mori, Luis Vargas Rozas e José Venturelli. Porém, apesar do entusiasmo gerado pela experiência com os muralistas mexicanos, o estudo e a prática da pintura mural encontrou pouco espaço institucional na Faculdade de Belas-Artes da Universidade do Chile. Na década seguinte, as dificuldades aprofundaram-se. Apenas em meados da década de 1960, quando alguns pintores se articularam em torno da terceira candidatura de Salvador Allende (1964), a prática do muralismo começou a ganhar espaço, mas com sua produção relacionada à propaganda política das brigadas muralistas. CASTILLO ESPINOZA. E. *Op. cit.*, 2006, p. 53 e 60-64. Sobre o significado da passagem de David Alfaro Siqueiros e Xavier Guerrero no Chile, ver também: Departamento Educativo Museo Nacional de Bellas Artes (1984), Ebe Bellange (1995) e Patrício Rodríguez-Plaza (2004).

ideia de uma arte socializada, estabelecia-se a crítica da função da arte em uma estrutura social capitalista e a defesa da articulação entre o lúdico e o político. Nesta perspectiva:

> As artes plásticas devem ser tanto o lugar onde o povo cria suas imagens para a luta como o lugar onde consegue o prazer de reconhecer-se em sua obra. O que justifica as artes plásticas, o que as torna uma atividade necessária é, num país socialista, o fato de constituir um novo espaço visual no qual possa crescer a vida em liberdade; num processo de libertação, gerar imagens que ajudem à identificação e ao progresso da consciência política. Em ambos os casos ser o lugar onde o povo consiga o prazer de reconhecer-se e transformar-se.[9]

O autor analisou diferentes manifestações artísticas nascidas do objetivo de socializar a arte na América Latina (dentre as quais inseriu a experiência das brigadas muralistas chilenas), e destacou a capacidade de comunicação das experiências artísticas que tentaram atuar no espaço visual de uma sociedade em transição ao socialismo.

A possibilidade de se comunicar estava presente em todos os aspectos do muralismo das brigadas chilenas, abarcando tanto o processo de produção quanto a sua exposição no espaço público. Os militantes dos partidos da UP, ao readaptarem a prática do muralismo, encontraram uma fórmula para difundir o projeto do governo popular e expressar os valores e anseios das camadas populares chilenas ao produzirem expressões artísticas junto com elas. Esteticamente, como veremos no último capítulo deste trabalho, a comunicação se dava pela valorização, como nos murais mexicanos, da imagem figurativa, forma privilegiada para representar a realidade também de várias maneiras – realistas, alegóricas, satíricas.

As diferenças entre o movimento mexicano e o chileno foram constatadas no âmbito estético e basearam-se nas condições históricas de produção das obras. Como bem observou Nestor Garcia Canclini, as brigadas "raramente caíam no descomedimento retórico do muralismo mexicano. Não procuravam consagrar uma história já feita, mas entrosar-se no processo, seguir seu tempo. É alguma coisa mais do que uma exaltação poética a afirmação de um crítico chileno [Ernesto Saúl] de que esses murais foram feitos em 'conflito com o vento, com a chuva, com o trabalho de outros homens'".[10] O autor demonstra assim que a diferença entre as intenções artísticas das experiências muralistas mexicana e chilena relacionou-se estreitamente com as circunstâncias políticas em que se desenvolveram.

---

9 CANCLINI, N. G. *A socialização da arte: teoria e prática na América Latina*. São Paulo: Cultrix, 1980, p. 130; 153.

10 *Ibidem*, p. 139.

Conforme demostrou Octavio Paz, o muralismo mexicano, independentemente de sua relação com a contingência revolucionária, partiu das especulações de um grupo de artistas e intelectuais formados e consagrados nas instituições de arte burguesas e fomentou um processo de ruptura no seio destas instituições com financiamento estatal.[11] Diversamente, as brigadas muralistas constituíram-se no ativismo político dos militantes de esquerda, apenas apoiadas por alguns artistas, também militantes, e financiadas com os ínfimos recursos financeiros provenientes do partido ou de doações de militantes e simpatizantes. Sendo assim, criaram um método alternativo de pintura mural baseado, essencialmente, na rapidez, na simplicidade e no trabalho em equipe de jovens voluntários que, somente depois da vitória eleitoral, encontrou algum espaço e reconhecimento nas instituições de arte tradicionais do Chile.

Campanhas eleitorais da esquerda e a formação das Brigadas Muralistas

De acordo com o livro *Muralismo*, as brigadas muralistas nasceram na década de 1960 baseadas no seguinte questionamento: Como apoiar, a partir da arte, o candidato Salvador Allende na campanha presidencial de 1964? A resposta foi a criação de brigadas de jovens militantes voluntários e de esquerda, divididos entre estudantes, artistas plásticos e jovens trabalhadores, que durante a campanha eleitoral de 1964 saíram às ruas do país para pintar muros e paredes com imagens e mensagens de apoio aos projetos da FRAP.[12]

Patricio Cleary, comunista encarregado da propaganda da candidatura de Salvador Allende de 1963-1964, relatou a experiência que impulsionou o nascimento do movimento brigadista chileno, em um artigo publicado na revista *Araucaria de Chile* em 1988.[13] Segundo o autor, a iniciativa de elaborar a propaganda da FRAP nas paredes e nos muros das cidades chilenas surgiu em Valparaíso (principal cidade portuária do país) como uma proposta alternativa de propaganda política do candidato Salvador Allende, que visava superar

---

11 PAZ, O. Pintura Mural. In: *México en la obra de Octavio Paz III – Los privilegios de la vista. Arte de México*. México: Fondo de Cultura Económica, 1987.

12 COMITÉ DE DEFENSA DE LA CULTURA CHILENA. *Op. cit.*, p. 6.

13 A revista *Araucaria de Chile* foi editada trimestralmente entre 1978 e 1990 por exilados chilenos ligados ao PC que viviam na Europa. A proposta editoral da revista era unir a produção cultural dos chilenos que viviam no Chile e daqueles que estavam no exílio, constituindo um espaço de resistência cultural livre da censura e da repressão impostas pela Junta Militar que assumiu o governo em setembro de 1973. Um estudo sobre as ideias políticas e culturais que circularam nesta revista durante o período de sua publicação encontra-se no livro: SILVA, Ê. P. *Araucaria de Chile (1978-1990): a intelectualidade chilena no exílio*. São Paulo: Alameda, 2014.

a falta de recursos e se contrapor à grande estrutura propagandista do seu rival, o candidato democrata cristão Eduardo Frei Montalva.[14] Este desfrutava de uma grande quantidade de recursos (diretos e indiretos), do apoio de profissionais qualificados (jornalistas, sociólogos, psicólogos, especialistas em comunicação social) e de uma agência publicitária que introduziu novas perspectivas à propaganda política no país.[15] Dessa forma, sua propaganda eleitoral contemplou todos os aspectos, inclusive o uso dos muros das cidades chilenas, que até então eram de domínio tradicional da esquerda. Nos primeiros dias da campanha, aberta em maio de 1963, nas ruas de diferentes cidades do país os muros amanheceram pintados com as "estrelas de Frei", símbolo da sua candidatura.

A resposta da FRAP foi imediata e partiu de uma ampla mobilização de seus comitês de jovens militantes na cidade de Valparaíso, que organizaram uma ofensiva *callejera* (ofensiva de rua) e encheram muros e paredes com o "X" da campanha de Salvador Allende.

Figura 1: Reprodução do símbolo da campanha retirada do artigo de Patricio Cleary intitulado "Cómo nació la pintura mural política en Chile", disponível em: http://www.abacq.net/imagineria/nacimi1.htm.

O símbolo composto, na parte superior, pela letra "V" de vitória, na parte inferior, pelo "A" de Allende, e colorido com as cores da bandeira nacional chilena levou aos muros da cidade de Valparaíso a alternativa socialista. A partir desta iniciativa se estruturou uma propaganda de caráter defensivo e com problemas em termos de organização.[16] Sua eficácia

14 CLEARY, Patrício. Cómo nació la pintura mural política Chile. *Revista Araucaria de Chile*, n.42, 1988, p. 93.

15 Os grandes recursos utilizados na campanha de Eduardo Frei estiveram diretamente ligados à possibilidade de eleição democrática de um candidato de esquerda no Chile. Por um lado, a direita, concentrada em torno do PN, desgastada pelos fracassos do governo de Jorge Alessandri (1958-1964), apoiou, de forma incondicional, o candidato democrata cristão para impedir a eleição de Allende. Por outro lado, a disposição do governo dos Estados Unidos de impedir a eleição democrática de um governo de esquerda rendeu um poderoso investimento econômico no período eleitoral e uma assistência militar e social ao longo dos seis anos de governo. O interesse dos Estados Unidos estava de acordo com a política da Aliança para o Progresso, aplicada pelo presidente Kennedy na América Latina, cujo objetivo era impedir a propagação do fenômeno revolucionário cubano. Tal política partia do pressuposto de que a maneira mais efetiva de combater o comunismo nesta região era promover o desenvolvimento econômico e a democracia. (FAÚNDEZ. *Op. cit.*, p. 132-133).

16 As dificuldades geradas por esta primeira iniciativa, segundo Patrício Cleary, relacionaram-se aos problemas políticos criados nesta noite de maio de 1963, quando muitos dos ativistas que se mobilizaram para pintar o símbolo da campanha de Allende cometeram uma série de erros por falta de orientação prévia.

simbólica de luta através dos muros foi valorizada pelos integrantes e partidários da FRAP, porque expressava a disposição dos militantes em participar da batalha eleitoral e, também, porque despertou o interesse de artistas que se dispuseram a contribuir para ampliar esta forma de divulgação dos projetos da esquerda. A esse respeito relatou Patrício Cleary:

> Fue en este clima que surgió, producto de conversaciones entre el pintor Jorge Osorio, un estudiante de arquitectura con muchas condiciones artísticas llamado Osvaldo Stranger, y el autor de esta crónica – que tenía las funciones de encargado de propaganda de la campaña – la idea de intentar fórmulas propagandísticas distintas, como representar, por ejemplo, artísticamente, en afiches pintados directamente en los muros las consignas y aspiraciones populares. Aprobamos la idea, a partir de un boceto que sin propósito concreto habia diseñado Osorio en sus ratos de ocio. Fue más fácil despertar el entusiasmo de todos nosotros que hallar, en seguida, los medios para su realización. Finalmente, el problema se resolvió y elegimos una muralla ubicada en la avenida España, la estratégica arteria que une Valparaíso con Viña del Mar. Osorio y Stranger, apoyados por un comité de jóvenes, pintaron el mural en una sola noche.
>
> Fue ése el primer mural político que haya pintado, que sepamos, en el país. Era el mes de julio de 1963.[17]

O autor ressalta que o entusiasmo desta iniciativa levou à pintura de outros murais ao longo da avenida Espanha, realizados por comitês juvenis que se encarregaram de cobrir toda sua extensão com o "X" da campanha de Allende e com mensagens que dialogavam entre si. Alguns murais se destacaram pela elaboração estética e pela mobilização de militantes e da população que acompanhavam a sua produção. Dentre estes, Patrício Cleary mencionou o mural elaborado na ponte Capuchinos, via por onde passa o trânsito que circula entre Valparaíso e Viña del Mar. A elaboração do mural foi realizada por três equipes integradas, na maior parte, por jovens estudantes da Universidade do Chile e da Universidade Federico Santa Maria, sob a direção dos pintores Gastón Vilavecchia (italiano radicado em Viña del Mar), Nemesio Rivera e Jorge Osório (ambos chilenos). O mural teve cerca de cento e trinta metros de comprimento e de três a seis metros de altura, constituindo-se como uma obra de impressionante infra-estrutura. Durante o processo de pintura, o mural se converteu em ob-

Erros graves que consistiram na pintura do "X" em monumentos, edifícios e lugares tradicionais da cidade, dando margem a uma forte e eficaz contrapropaganda dos candidatos adversários (CLEARY. *Op. cit.*). Este deslize inicial custou às brigadas muralistas uma crítica constante por parte da oposição à candidatura e, posteriormente, ao governo da UP.

17 CLEARY. *Op. cit.*, p. 194. Não encontramos registros dos murais mencionados no relato.

jeto de interesse das populações locais e de atividade dos comitês da campanha eleitoral que acompanhavam a evolução dos trabalhos e levavam alimentos e refrescos para os pintores.[18] As iniciativas de Valparaíso inspiraram outras similares por todo o país.

O relato de Patrício Cleary apresentou dois aspectos importantes para dimensionar a força e a retomada desta experiência posteriormente: o primeiro é a mobilização organizada e integrada de uma militância heterogênea – eram jovens estudantes, artistas, intelectuais, homens e mulheres realizando com entusiasmo a propaganda da UP. O segundo refere-se ao valor de agitação ou da repercussão entre as comunidades locais.

A eficácia mobilizadora das primeiras experiências de propaganda através das brigadas muralistas teve um duplo resultado: a destruição dos murais por opositores da FRAP e o reconhecimento gradual do significado dessas atividades por parte de figuras importantes da esquerda chilena. A destruição do mural da ponte Capuchino aconteceu em 12 de junho de 1964, no auge da campanha presidencial, ocasionando uma declaração do poeta comunista Pablo Neruda que foi a público em rádios de Valparaíso.[19] O poeta valorizou o significado inovador do muralismo realizado pelas brigadas por conseguir reunir, de forma qualitativa, criação artística e mensagem política. Em seguida, usou o ato de destruição do mural para desqualificar o candidato adversário.[20] Posteriormente, o reconhecimento viria de figuras como Salvador Allende e do intelectual comunista Volodia Teitelboim, além de artistas plásticos que participaram da experiência de 1963-1964.[21]

A única propaganda muralista da primeira fase das brigadas a que tivemos acesso foi realizada em Santiago, nas margens do rio Mapocho (que atravessa a cidade das cordilheiras até o mar), e atesta a expansão da experiência das brigadas para outras localidades do país, ainda em 1964, e a simplicidade técnica e estética dos seus resultados.

---

18 *Ibidem*.

19 O poeta chileno Pablo Neruda era militante e ativista cultural de destaque no PC desde a década de 1940. Sua declaração sobre a destruição do mural da ponte Capuchino foi publicada na website: *Chile: breve imagineria política 1970-1973* (<http://www.abacq.net/imagineria>), além de referida por Patrício Cleary (1988) e Eduardo Carrasco (2004).

20 NERUDA. In: <http://www.abacq.net/imagineria>.

21 CASTILLO ESPINOZA. E. *Op. cit.*, 2006, p. 65-66.

Figura 2. Foto da lateral norte do rio Mapocho realizada em 1972, na altura do Mercado Central. Mural pintado por militantes de esquerda durante a campanha presidencial de 1964. Disponível em: <http://www.abacq.net/imagineria>.

A propaganda acima foi realizada em um local de grande visibilidade. Na imagem observa-se apenas um fragmento textual que associou o candidato "Allende" à possibilidade de construção de um "gobierno popular". A esse e todos os outros murais produzidos na campanha 1963-1964, os democratas cristãos responderam com mensagens nos muros, alimentando uma batalha de propaganda que se estendeu até o resultado eleitoral, com a vitória de Eduardo Frei.

Eduardo Castillo, em uma rápida comparação entre as duas fases de desenvolvimento do muralismo brigadista, ressaltou que em 1963-1964, os artistas foram mais influentes e participativos na elaboração das mensagens do que os militantes de esquerda. As pinturas foram realizadas durante o dia e com tempo e técnicas mais sofisticadas do que entre 1970 e 1973. O resultado pode ser observado na maior durabilidade das pinturas, tendo em vista que ainda hoje há vestígios dos murais de 1964 nas margens do rio Mapocho.[22] Já sobre o trabalho das brigadas muralistas posteriores o autor comenta a durabilidade inferior e, referindo-se às BRP, classifica sua linguagem como mais gráfica do que plástica.[23]

A derrota eleitoral da FRAP, além de decepcionar, desmotivou os militantes a darem continuidade às iniciativas muralistas nas ruas de forma organizada e contínua. Naquele momento, tanto os líderes dos partidos quanto suas organizações juvenis passaram por um período de avaliação e reorientação das alianças, e a realização de murais de propaganda só foi retomada de maneira estruturada no final dos anos 1960, quando se aproximavam novas eleições presidenciais. Segundo Patrício Cleary, Salvador Allende foi um dos incentivadores da organização de brigadas muralistas para a realização da propaganda eleitoral da UP em 1970. Qualificou a experiência muralista da disputa eleitoral

22 *Ibidem*, p. 69-70

23 *Ibidem*, p. 70

anterior como a maior novidade de sua campanha e um exemplo a ser seguido em todo o país, sobretudo em Santiago.

Entre o anúncio da formação da UP em 1969 e a eleição em 4 de setembro de 1970, a retomada dos debates político-partidários se intensificou e o clima polarizado deu ainda mais força à campanha. A direita, representada pelo PN, definiu um candidato próprio, descartando a aliança com o PDC, que apresentava Radomiro Tomic, da sua ala esquerda, como candidato. Tripartição que colocava a proposta da UP como única alternativa diferenciada em um momento em que o país passava por uma profunda crise econômica gerada pelo fracasso das políticas econômicas dos dois governos anteriores e manifestada publicamente pelas frequentes mobilizações dos trabalhadores.

Sob um contexto amplamente polarizado, abria-se novamente o horizonte para a participação eleitoral da esquerda com seu programa que previa a realização da transição ao socialismo pela via pacífica. A respeito dessa nova etapa que se iniciava para a esquerda chilena, a descrição de Joan Jara[24] é bastante elucidativa:

> Não é fácil transmitir o que uma eleição presidencial significava para o Chile. Eu já testemunhara duas, mas aquela as superava em intensidade, tamanho e grau de polarização. Penetrou em todos os rincões do país, em todos os aspectos da vida, em todos os locais de trabalho e estudo, em todos os bairros, em todos os lares. Famílias chegavam a separar-se, pessoas perdiam seus empregos, encontravam outros, brigavam com os amigos, estabeleciam novos círculos de amizades, eram obrigados a definir-se sobre uma série de questões vitais e, em geral, eram submetidas a um bombardeio contínuo de opiniões dramaticamente opostas umas às outras.[25]

Como dissemos, a base eleitoral da UP eram operários, camponeses e a juventude. As dificuldades econômicas fizeram com que a campanha eleitoral dependesse, mais uma vez, fundamentalmente desses setores. Para isso foram criados os Comitês de Unidade Popular (CUP), com o objetivo de organizar e coordenar as atividades de campanha em diferentes localidades. A orientação dos CUP foi essencialmente didática e pedagógica. De acordo com o programa da UP, cada comitê deveria continuar estruturado depois da vitória, pois não seriam apenas organismos eleitorais, mas também intérpretes e

---

24 Joan Jara é inglesa, bailarina e esposa de Victor Jara, chileno, diretor de teatro e um dos principais compositores e intérpretes da Nova Canção Chilena que foi brutalmente assassinado pelos militares em 13 de setembro de 1973.

25 JARA, J. *Canção inacabada. A vida e a obra de Victor Jara.* Rio de Janeiro/São Paulo: Editora Record, 1998, p. 191-192.

combatentes das reivindicações imediatas das massas e dos órgãos que preparariam a população para exercer o poder popular.[26] Sobre a atuação dos CUP, relatou Luis Corvalán (secretário-geral do PC entre 1958 e 1989):

> El pueblo tomó como suya la tarea de ganar la presidencia de la república. Se constituyeron 13 mil ochocientos Comités de Unidad Popular en los sitios de trabajo o lugares de residencia, en aldeas y barrios, en fábricas, servicios públicos, empresas de la construcción y del transporte, establecimientos educacionales, etc. En ellos trabajaban con entusiasmo los militantes y dirigentes de todos los partidos de izquierda y mucha gente sin partido que se plegó a la candidatura de Allende. Esos Comités fueron los artífices de la victoria. Entablaron conversaciones con cientos de miles de trabajadores de la ciudad y del campo y con miles artesanos, comerciantes e industriales y otras gentes de las capas medias. Reunieron dinero, peso a peso, para cubrir los gastos de la campaña. Como nunca antes ni después se realizaron entonces multitudinarios mítines y un incontable número de actos pequeños en ciudades, pueblos, barrios, aldeas, hasta en los más apartados poblados campesinos.[27]

Na prática, segundo o autor, os comitês uniram-se às já estruturadas organizações de trabalhadores e estudantes (as federações de estudantes universitários e secundaristas), estabelecendo métodos permanentes e dinâmicos de representação do programa, entre os quais se incluíram as atividades de pintores, folcloristas e bailarinos que passaram a trabalhar juntos e de forma coordenada.

As BRPs e as BECs se organizaram nesse contexto e percorreram as mais diversas localidades do país gravando o nome do candidato e as consignas da campanha em rochas, paredes, muros, pontes, no pavimento das ruas etc. Porém, posteriormente, estas brigadas deram continuidade às suas atividades diretamente vinculadas com seus partidos de origem e não com um ativismo orientado pelos CUP, como veremos a seguir.

Brigadas Ramona Parra: o pincel como arma de luta

Sob o lema *¡Pintaremos hasta el cielo, hasta vencer!* ("Pintaremos até o céu, até vencer!")[28] atuaram as BRP depois da vitória. De acordo com o artigo de Ximena Or-

26 PROGRAMA DE LA UNIDAD POPULAR. *Op. cit.*, p. 19-20.

27 CORVALÁN, L. *El gobierno de Salvador Allende*. Santiago: LOM Ediciones, 2003, p. 111.

28 COMITÊ DE DEFENSA DE LA CULTURA CHILENA. Op. cit., p. 60.

tuzar, publicado na revista *Onda*,[29] a BRP foi organizada em 1969 e seus murais eram elaborados em locais estratégicos, como os bairros de periferias, próximo ou nas indústrias e mineradoras, em muros e calçadões de boa visibilidade para os transeuntes. Uma comissão de propaganda do PC definia os planos de trabalho das BRP dividindo-os em dois momentos: primeiramente, antes da eleição, trabalharam pelo triunfo do "governo popular" e, posteriormente, direcionaram suas ações para defendê-lo.[30] Ao longo da experiência chilena, os responsáveis pelas atividades dessas brigadas procuraram dar um sentido cultural mais amplo para sua prática de propaganda política. Com isso, elas conquistaram, gradualmente, o reconhecimento de seu partido de origem e do próprio governo.

As motivações para a criação das BRP remontam às iniciativas muralistas de 1963-1964 e na Brigada Venceremos, também criada pelas JJCC para realizarem a propaganda da UP até a eleição de 1970. Nos primeiros anos, a propaganda política realizada pelas BRP foi orientada pela necessidade de denunciar os desmandos políticos do governo de Eduardo Frei como, por exemplo, o massacre de Puerto Montt.[31] Denunciavam também as atrocidades realizadas pelos EUA no Vietnã, seguindo a linha anti-imperialista do PC. Os agentes destas iniciativas eram adolescentes que tinham em média 16 anos e nem todos eram membros do PC, mas a participação de militantes do partido orientava as temáticas das mensagens.[32]

29 A revista *Onda* definia-se como uma revista de política e cultura da UP. Foi uma publicação da divisão de publicações infantis e educativas da Empresa Editora Nacional Quimantú Ltda, com a participação da Direção Nacional de Centros Juvenis, do Conselho de Desenvolvimento Social e do Departamento de Educação da Universidade do Chile. Os textos geralmente destacavam realizações da juventude, disputas políticas dentro das suas organizações, exaltavam as conquistas do governo e criticavam o sectarismo dos partidos de esquerda e as práticas sediciosas da direita. Era um periódico claramente favorável ao presidente Salvador Allende, na medida em que os diversos artigos lidos se encerravam com lições que defendiam a unidade em torno do processo de transformação política que se operava no país. O editor da revista era Patrício Garcia e seu diretor, Wilson Tapia. Os números consultados encontram-se enumerados no final desse livro junto à lista de fontes utilizadas para a pesquisa.

30 ORTÚZAR, X. "Mística a todo color", Santiago, n. 45, 26 maio 1973, p. 20-21.

31 Este massacre aconteceu no mês de março de 1970, na província de Llanquihue por ordem do Ministro do Interior do governo, Edmundo Pérez Zúcovic, responsável pelo grupo móvel e toda a máquina repressiva da polícia entre 1964 e 1970. A ação se deu contra um grupo de 91 famílias de agricultores sem terra que tinham ocupado um terreno improdutivo, em Pampa Irigon, situado cerca de três quilômetros do centro da cidade de Puerto Montt. Os policiais os atacaram com bombas de gás lacrimogêneo, abriram fogo com metralhadoras e incendiaram as choças. Mataram sete lavradores e uma criança de 9 meses morreu asfixiada pelo gás (JARA. *Op. cit.*, p. 72).

32 As informações sobre estas experiências isoladas constam no trabalho dos comunicólogos Fontbona, Nicolas Labra e Ismael Larraín (2002) e no relato de Eduardo Carrasco (2004).

De acordo com Eduardo Carrasco, a "Marcha dos Três A" (Anti-Capitalista, Anti-Oligárquica e Anti-Feudal), que ocorreu em setembro de 1969 e saiu de Valparaíso em direção à Santiago, foi o impulso para tornar o muralismo brigadista um fenômeno popular de massa a partir do ano seguinte. Nas palavras do ex-brigadista:

> com um velho jeep americano da Segunda Guerra Mundial, fizemos – cinco ou seis rapazes – todo o percurso da marcha, pintando grandes pedras que se encontram ao lado da estrada que nos leva a Santiago. Tivemos a aceitação da população e, nas cidades em que este grande cortejo alegre e multicolorido parava, realizávamos com o povo escritas alusivas à paz e contra a guerra".[33]

Este fragmento do relato de Eduardo Carrasco explica a retomada da proposta de propaganda visual iniciada em 1963 e seu propósito de integrar os moradores do local onde eram pintadas as mensagens no processo de realização pública e coletiva dos murais de propaganda. Acreditava-se que a mobilização produzida nessas experiências faria com que a mensagem transcendesse do ato de elaboração do mural e se tornasse uma forma de integração das pessoas nas mobilizações sociais consideradas centrais para a realização do projeto da UP. As BRP expandiram nacionalmente essa estratégia de combinação entre ação criadora coletiva e mobilização popular, tornando-se um proeminente veículo de propaganda eleitoral em 1970.

Um informativo desta brigada publicado em 1971, e intitulado *La revolución chilena no la para nadie! Por esto los reaccionarios conspiran...!* (A revolução chilena ninguém para! Por isto os reacionários conspiram...!), descreveu as etapas da organização e as conquistas das BRP desde a decisão pela candidatura de Salvador Allende até o primeiro ano do governo da UP. Sobre o período eleitoral, o informativo destaca:

> Inmediatamente después que las fuerzas integrantes de la Unidad Popular designaron al Compañero Salvador Allende como candidato a la Presidencia de la República, cientos de jóvenes trabajadores y estudiantes, a lo largo de todo el país, se fijaron la tarea de ganar los muros de Chile para la candidatura de la UP. Con escasos medios, pero con espíritu revolucionario a toda prueba, los jóvenes comunistas pertenecientes a las brigada Ramona Parra, estamparon a las consignas de la izquierda. [...]. Mientras las candidaturas de la reacción y el continuismo derrochaban millones de escudos en pagar a mercenarios para que pintaran sus consignas, las fuerzas de izquierda, con

33 CARRASCO. *Op. cit.*

> recursos infinitamente menores y con las BRP a la cabeza, ganaron los muros de Chile para el Compañero Allende y las fuerzas populares.[34]

Ao relacionar o trabalho das BRP com o triunfo popular representado na vitória de Salvador Allende, o documento exaltou o caráter voluntário e o apego às convicções ideológicas do programa da UP como características da ação da juventude comunista. As brigadas descreviam-se como um eficiente veículo de propaganda e seus integrantes como modelos de agentes da luta pela transição pacífica para o socialismo no Chile.

Como organização de propaganda, as BRP estavam de acordo com as teses defendidas por Mario Zamorano no XIV Congresso do Partido Comunista de Chile, realizado em 1969. Este membro da comissão política do partido, no texto intitulado "Cada comunista, um propagandista da causa do povo", afirmou:

> Debemos darle proyección y toda la publicidad que sea posible a cada acción reivindicativa y combate que se dé en las industrias, reparticiones de empleados, en fundos y zonas rurales, en las poblaciones, universidades, escuelas, y así en cualquier lugar donde el pueblo está defendiendo sus derechos. Todas estas luchas en su conjunto constituyen la gran potencialidad del combate popular. Aquí radica la fuerza del pueblo; y es esta fuerza, precisamente, la que movilizada y orientada por los comunistas adquiere una capacidad de fuego en condiciones de enfrentar el fabuloso aparato propagandístico del enemigo. Para los comunistas, lo vital está constituido por el trabajo de cada combatiente organizado.[35]

Observa-se que as BRP tiveram uma importância estratégica na campanha eleitoral junto a outras frentes de luta político-cultural consideradas essenciais pelos comunistas para realizar a ampla e organizada luta ideológica contra o aparato comunicacional da oposição. O texto continua nos seguintes termos:

> En nuestro país contamos con inmensas posibilidades de impulsar la lucha ideológica. Contamos con destacados escritores, pintores y artistas. En el campo del movimiento folklórico, [...], contamos con gran cantidad de conjuntos, destacados solistas e investigadores. [...].
>
> Nuestra respuesta debe ser el reforzamiento de las medidas que fortalezcan el frente ideológico del Partido. Esto es, el reforzamiento de las comisiones de

34 BRIGADA R. P. (Chile). La revolución no la para nadie: por estos los reaccionarios conspiran...! Santiago, s/n, 1971, p. 1.

35 PARTIDO COMUNISTA DE CHILE. *Op. cit.*, p. 30-31.

> educación, cultura y propaganda. Esto no sólo en el nivel del Comité Central, sino que también en los comités regionales y locales.[36]

Dessa forma, o PC chileno reiterou o princípio político-cultural de reconhecer o papel das atividades culturais e de seus agentes na luta pela difusão das suas diretrizes políticas. As BRP, criadas em 1969, bem como a Discoteca do Cantar Popular (DICAP), fundada em 1967, foram realizações da comissão cultural das JJCC e representaram ações efetivas neste sentido.[37]

No último congresso das JJCC, realizado pouco antes das eleições de 1970, as BRP passaram a ser organizadas em Santiago sob a orientação das juventudes e se tornaram órgão oficial de propaganda do partido.[38] Sua oficialização resultou no seu tratamento no plural, pois passaram a receber uma estrutura nacional que contemplava um comitê central, comitês regionais e locais. Cada BRP também possuía um chefe proveniente da comissão política do partido e responsável por divulgar os objetivos políticos que deveriam ser transmitidos a todo o país para unificar os temas das mensagens. Era o comitê central do PC que decidia o que devia ser dito através dos muros e das paredes.[39]

Atestando a repercussão dos trabalhos de propaganda eleitoral das BRP, o jornal comunista *El Siglo* noticiou a homenagem prestada no dia 26 de setembro de 1970 às BRP e à Brigada Venceremos, por parte das direções do PC e da JJCC. O objetivo era expressar publicamente o reconhecimento do trabalho de propaganda realizado por mil e quinhentos jovens ao longo de todo o país durante a disputa eleitoral, ou seja, a grande contribuição das brigadas comunistas para o triunfo da UP. Segundo o jornal, como estímulo à continuidade dos trabalhos, a direção das JJCC entregou aos jovens brigadistas as diretivas e planos de trabalho traçados no XXIII Congresso do Partido Comunista da União Soviética (PCUS).[40] Incentivo que estava de acordo com o modelo revolucionário do PCUS, no que dizia respeito à educação de seus militantes.

---

36 PARTIDO COMUNISTA DE CHILE. *Op. cit.*, p. 31-32

37 A DICAP foi um selo criado com o propósito de outorgar espaços de produção e difusão musical alternativos para grupos folclóricos ou solistas sem espaço no mercado discográfico da época ou nas emissoras de rádio e repesentou o grande meio de difusão da NCCH.

38 DÍAZ, P. A. T e LARA, M. L. *El arte muralista de las Brigada Ramona Parra 1967-1973*. Monografía – Departamento de Ciencias Históricas. Universidad de Chile, Santiago, 2004. Disponível em: <http://www.colectivobrp.cl>.

39 FONTBONA; LABRA; LARRAÍN. *Op. cit.*, p. 405.

40 "Entrega generosa, sin tasa ni medida". *El Siglo*, Santiago, 27 set. 1970.

A orientação dada aos trabalhos brigadistas, depois da vitória, também se esclarece pelo informativo de 1971, no tópico intitulado *A la vanguardia en el trabajo* (À vanguarda no trabalho): as BRP deveriam assumir, a partir de então, a tarefa de dar visibilidade ao programa da UP, mantendo-se como meio de propaganda política. De acordo com o jornal, as BRP

> fijaron la tarea de limpiar los muros de Chile con murales, mostrando en cada uno de ellos las grandes luchas del pueblo, las grandes tareas que con el triunfo popular le correspondía a cada uno de los chilenos. [...]. Mil 500 murales ha pintado la BRP desde el 4 de noviembre de 1970 hasta la fecha, cumpliendo cada uno de ellos con la doble tarea de concientizar y llevar al pueblo una expresión artística que hasta entonces les había permanecido vedada. [...]. Así son los brigadistas de la "Ramona Parra", incansables muchachos que se han entregado de lleno a la tarea de educar al pueblo a través del arte de masas...[41]

As BRP, agora apoiadas pelo governo, intensificaram a comunicação através do mural, iniciando uma nova fase do seu muralismo brigadista marcada pela euforia da vitória de 4 de setembro de 1970 e que se estendeu por todo o ano de 1971. A principal característica desta fase foi a estruturação de um processo de produção dos murais e a criação de um estilo particular das imagens das BRP orientado pelo objetivo de transformar a propaganda política em um ato artístico e mobilizador.[42] Nesta perspectiva, assumiram uma missão cultural em conformidade com as concepções político-culturais do projeto do governo. Conforme declarou Alejandro González, pintor muralista e diretor artístico das BRP entre 1970 e 1973,[43] os brigadistas indagavam:

---

41 BRIGADA R. P.(Chile). *Op. cit.*

42 FONTBONA, S; LABRA, N; LARRAÍN, I. *Op. cit.*, p. 398.

43 Alejandro "Mono" Gonzalez, importante participante e formulador do projeto político e cultural das BRP, era pintor muralista e militante do PC. Segundo um artigo da revista *Ramona* (revista do PC publicada entre 1970-1973), Alejandro González pintava desde os onze anos de idade, foi aluno da Escola Experimental Artística de Santiago entre 1960-1967, das Escolas de Belas-Artes da Universidade do Chile e da Universidade Católica. Porém, teria sido no curso de desenho teatral na Universidade do Chile que encontrou a possibilidade de colocar sua arte a serviço da comunidade. Participou na campanha presidencial de 1964, pintando murais com os jovens da FRAP. ("Los "monos" de la BRP en las salas de arte". *Revista Ramona*. Santiago, n. 55, p. 18-29, 13 nov. 1972). Como atestaram também artigos do jornal comunista *El Siglo* e do jornal *Correo de Valdívia*, desde seus primeiros trabalhos muralistas participou de projetos que tinham como propósito estabelecer o contato do povo chileno com a arte. Ver: "Niños pintores levantan mural en comuna La Reina". *El Siglo*, 29 jun. 1964; "Cuatro jovenes muralistas ejecutan obras en municipio". *El Correo de Valdívia*, 10 fev. 1968.

> ¿Hacia donde dirigirnos? ¿Hacia qué cultura? Era necesario saber qué hacer para establecer un contacto directo con el pueblo. La clase obrera, las clases medias no tienen una relación natural, propia, con los museos, las galerías, el teatro. Era necesario entonces cambiar el lugar, o más bien ampliar los lugares yendo adonde iba el pueblo, afuera. No era tampoco suficiente: no queríamos transportar la *cultura* en lugares nuevos, queríamos *otra cultura*. Se trataba de hacer de manera que el pueblo tome conciencia de sus necesidades, que deje de lado este imperialismo cultural representado para él por la cultura burguesa, y finalmente, que encuentre un arte que le pertenezca, que sea la expresión, exteriorizada, de la nueva realidad. En un manifiesto (Que constituyó después la *medida 40* del programa de la Unidad Popular) ese Comité definió los principios y los organismos que podrían ser los fermentos de esa *cultura nueva, popular y democrática*.[44]

As brigadas passaram então a produzir uma propaganda com um caráter pedagógico-cultural que, além de divulgar as conquistas e projetos da UP, visava democratizar as artes plásticas. De acordo com o crítico Carlos Leon, esse paradigma consolidou-se e difundiu-se ao longo do breve período de governo da UP, através do estabelecimento de uma técnica particular de expressão artística e, sobretudo, de estratégia informativa e ideológica que tornou as BRP a brigada muralista mais proeminente do período.[45]

Alejandro González foi responsável pela divisão dos trabalhos das BRP em duas partes: o aspecto político, baseado na necessidade de levar o militante à rua para pintar os pontos de vista do partido e do governo, e o aspecto artístico, em que se destacou devido ao colorido das composições.[46] O artista criou um sistema de trabalho, no qual todos os brigadistas tinham uma função e atuavam de forma sincronizada, procurando demonstrar a possibilidade de uma ação coletiva na confecção da pintura. As cinco imagens apresentadas a seguir constituem uma representação dos passos da elaboração de um mural por uma BRP, realizada posteriormente por Alejandro González.

44 GONZÁLEZ, A. *El arte brigadista*. Disponível em:<http://www.abacq.net/imagineria/arte4.htm> Acesso em: 30 set. 2003.

45 LEON, C. El muralismo chileno: comunicación y arte. Revista *Araucária de Chile*. França, n. 24, 1983. p. 116.

46 FONTBONA, S; LABRA, N; LARRAÍN, I. *Op.cit.*, p. 389.

Fig. 3.1 e 3.2

Fig. 3.3 e 3.4

Fig. 3.5

Figura 3. Fotografias do processo de elaboração de um mural com o logotipo da BRP. Disponível em: <http://www.colectivobrp.cl.>.

Para realizar as etapas representadas na imagem (fig. 3), as brigadas eram organizadas em grupos de no máximo doze pessoas e cada uma delas deveria exercer uma função específica para otimizar o tempo. Enquanto um brigadista ficava de guarda, outro, em geral quem desenhava melhor, escrevia o slogan ou traçava o desenho na parede (fig. 3.1). Em seguida, os demais pintavam uma área específica. As tarefas eram delegadas de acordo com as possibilidades e capacidades de cada participante. Criaram-se inclusive termos técnicos para denominar as tarefas: havia os "pintores do fundo", que com tinta branca "limpavam" o muro; os "traçadores" para desenhar; os "enchedores" para pintar as figuras; e, por último, os responsáveis por fazer o contorno preto (fig. 3.3). Este contorno foi uma marca importante do muralismo brigadista e tinha como função reparar defeitos da pintura e realçar as cores, o que representou, como veremos em seguida, um elemento de aproximação com o desenho gráfico.

A este processo de elaboração artística associava-se a mobilização e a integração dos transeuntes, que podiam participar pintando ou dando sugestões na hora de colorir. Observemos então as próximas imagens:

Fig. 4.1

Fig. 4.2 e 4.3

Fig. 4.4 e 4.5

Fig. 4.6

Figura 4. Disponível em: <http://www.abacq.net/imagineria>.

As imagens acima registraram o processo de mobilização e produção muralista das BRP no ano de 1972. A primeira imagem (fig. 4.1) registrou a realização de murais no ponto de encontro de duas importantes avenidas centrais da capital Santiago, a alameda Bernardo O'Higgins e a avenida Vicuña Mackena, próximo à praça Itália.[47] Neste local passavam,

47 Fotografia realizada pelo espanhol Paco Alvarado no inverno de 1972. Disponível em: (<http://www.

e passam ainda hoje, transportes coletivos provenientes da maioria das regiões da capital. Eduardo Castillo Espinoza destacou, baseado em declarações de Alejandro González, a importância da localização do mural na estratégia propagandista das BRP:

> Comenzamos a estudiar los lugares; por aquel entonces el parque automotor chileno era muy reducido y la locomoción colectiva tenía una tremenda importancia. Estaba la Empresa de Transporte Colectivos del Estado, con sus buses Mitsubishi, y el trabajador, la gente, se trasladaba mucho en micro. Nos quedábamos en un lugar por un tiempo determinado en el que pasaba cierta cantidad de micros, calculábamos, por así decirlo, ciento cincuenta personas en veinte minutos; eran ciento cincuenta personas en veinte minutos; eran ciento cincuenta personas que te compran el diario...[48]

Os brigadistas calculavam o número de pessoas que em média eram transportadas, relacionavam ao número de viagens realizadas por todos os ônibus e aos horários de maior tráfego, e definiam os locais onde um só mural podia ser visto por milhares de pessoas em um dia. A referência ao jornal foi utilizada para expressar o valor comunicacional do mural e mostra o compromisso das brigadas com a informação e sua estratégia de defesa do governo popular através de mensagens-síntese, como as manchetes de jornais. Esperava-se que os muros das cidades chilenas se tornassem "o noticiário do povo", ou, como difundiu o informativo de 1971, veículos de informação, de formação política e, ao mesmo tempo, de denúncia e alerta sobre as manobras da oposição.[49]

Dessa forma, o referente mais importante para a definição da mensagem mural eram as manchetes de jornais. Elas orientavam o tipo de informação que precisava ser difundida para, por um lado, contrapor-se à luta informativa realizada por jornais de direita como *El Mercúrio*, *Las Últimas Notícias*, *La Tercera* e *La Segunda*. Por outro lado, buscavam reforçar as informações da imprensa de esquerda representada pelos jornais *El Siglo* (comunista), *Puro Chile* (do PS), *Clarín* (do PS), *Última Hora* e o jornal do governo *La Nación*.[50]

Não há uma definição precisa da localização das demais fotografias. Mas considerando que a informação e a conscientização popular eram a motivação primordial dos trabalhos brigadistas, podemos supor que os locais onde foram produzidos permitiam o alcance de um público amplo.

---

abacq.net/imagineria>).

48 CASTILLO ESPINOZA. E. (org.). *Cartel Chileno 1963-1973*. Santiago: Ediciones B/ Grupo Zeta, 2004, p. 7.

49 BRIGADA R. P. (Chile). *Op. cit.*, p. 3.

50 CASTILLO ESPINOZA. *Cartel Chileno...op. cit.*

Ainda na primeira imagem (fig. 4.1) destacamos os seguintes elementos: o brigadista Juan Tralma (que está com o rosto mais evidente na imagem), o transeunte que passa observando o trabalho dos brigadistas e os demais participantes que pintam o mural. Nas três imagens seguintes (figs. 4.2, 4.3 e 4.4), que registram o trabalho conjunto de vários brigadistas, importa ressaltar as vestimentas (macacão e capacete) utilizadas pelos jovens e o destaque dado à presença feminina. Os macacões eram de cor verde-oliva, doados pelo sindicato dos operários da indústria automobilística Fiat,[51] e nos capacetes observa-se escrito a sigla "BRP".

As fotografias registraram a ação coletiva e mobilizadora do processo de elaboração do mural das BRP. As imagens dos transeuntes passando e observando a realização da pintura nos muros, materializa a ideia do sentido público e coletivo da produção mural. As vestimentas de operários utilizadas como uniforme pelos brigadistas demarcaram a inserção daqueles jovens propagandistas na luta protagonizada pelos trabalhadores para a transição para o socialismo no Chile.

Na figura 4.4 observamos no centro da imagem uma jovem mulher vestida como brigadista. O destaque da presença feminina merece um comentário porque desde a denominação da brigada comunista até as pinturas muralistas, a mulher foi um símbolo característico das BRP.

Ramona Parra foi a primeira "mártir" das JJCC. Morreu aos 19 anos no dia 29 de janeiro de 1946, em um confronto com policiais na praça Bulnes (localizada em frente ao palácio do governo na capital Santiago) durante uma manifestação da Confederação de Trabalhadores do Chile (CTCH).[52] Desde então, foi considerada uma heroína e as JJCC a homenageou dando seu nome às BRP e à revista *Ramona*.[53] Em uma entrevista cedida a

51 FONTBONA, S; LABRA, N; LARRAÍN, I. *Op. cit.*, p. 221.

52 No ano de 1946, o radical Alfredo Duhalde, que substituía o presidente Antonio Ríos por razões de saúde, permitiu uma violenta repressão às mobilizações de trabalhadores. Diante deste fato, os operários das filiais Mapocho e Humberstone paralisaram suas atividades em solidariedade aos afetados. Como represália, em 22 de janeiro o governo cortou a personalidade jurídica dos sindicatos em conflito, atingindo as conquistas sociais obtidas há dezenas de anos pelo movimento operário chileno. Dessa forma, a CTCH chamou trabalhadores e organizações de esquerda do país inteiro a se manifestarem em solidariedade às causas dos trabalhadores do salitre. A concentração na praça Bulnes na capital Santiago, onde Ramona Parra morreu, foi a maior delas.

53 A revista *Ramona* foi editada semanalmente de 28 de outubro de 1971 a 11 de setembro de 1973. Pertencia às JJCC, portanto voltava-se para a juventude. Entre suas temáticas abordou frequentemente os acontecimentos políticos, culturais e comportamentais que marcaram a vida dos jovens chilenos e o mundo no início da década de 1970.

esta revista pela irmã de Ramona Parra, Olga Parra Alarcón, percebemos a construção de um exemplo de jovem revolucionária e de militância feminina.[54]

A entrevista procurou enfatizar o que chamou de atitude revolucionária da "heroína" (termo recorrente no texto). Nas respostas de Olga Parra podem-se apreender os seguintes aspectos sobre a vida de Ramona Parra: tratava-se de uma jovem que tinha consciência de seu papel revolucionário e, por isso, fez concessões incomuns para uma mulher, como abrir mão de casar e ter filhos porque considerava tais responsabilidades incompatíveis com a integração total na luta política. Destacou ainda o fato de que o contato com os operários teria motivado Ramona Parra a se integrar nas JJCC e comentou sobre sua coragem na manifestação em que foi assassinada, descrevendo sua atitude frente aos policiais que disparavam contra a multidão.[55] De acordo com Olga Parra, ao invés de se proteger no chão como a maioria das pessoas, Ramona Parra levantou a cabeça e chamou os atiradores de assassinos, lembrando-os de que, mesmo matando todos ali, outros viriam para continuar a luta. Por fim, a irmã teria constatado: "Ramona era una muchacha dulce, agradable, buena amiga, buena compañera. Yo la vi desde muy niña, desde muy joven, inquieta y audaz para el cumplimiento de las tareas. Así como se ve ahora a los jóvenes, a las muchachas que salen en las noches a propaganda. En la misma forma se sacrificaba Ramona Parra".[56] De acordo com a entrevistada, o exemplo de Ramona Parra motivava a juventude comunista.

No comentário de encerramento da entrevista a repórter da revista Ramona, Cláudia Lanzarotti, comentou o apreço da "heroína" à família, sua formação em escolas católicas e a quase inserção na vida religiosa, como valores positivos que antecederam a entrega da jovem à luta revolucionária.

Observa-se uma relação direta entre as características valorizadas em Ramona Parra e algumas resoluções do XIV do PC do Chile (1969) para a juventude. Segundo o informe apresentado pela secretária-geral das JJCC e membro da Comissão Política do PC, Gladys Marin, esperava-se que os jovens militantes comunistas reconhecessem os trabalhadores como vanguarda da luta revolucionária; entendia-se que a juventude precisava ser educada e dirigida pelo Partido para lutar junto a todos os segmentos sociais nos movimentos de massas; e reconhecia-se que as

54 LANZAROTTI, C. "Habla la hermanade" de Ramona Parra" *Revista Ramona*, Santiago, n. 18, v. 29 fev. 1972, p. 16-23.

55 *Ibidem*, p. 20.

56 *Ibidem*, p. 21.

atividades culturais implementadas pelas JJCC eram uma maneira de integrar a juventude na luta dos trabalhadores.[57]

A valorização da mulher nas JJCC também pode ser relacionada com a reafirmação da linha eleitoral do PC no XIV Congresso. Nesse sentido, defendeu-se uma estratégia de conquista do voto feminino.[58] A proposta era conquistar espaço nos Centros de Mães que, então, reuniam 32% das donas de casa em oito mil e quinhentos centros estruturados em níveis local, regional e nacional, representando a maior organização de base feminina, e que naquele período eram dirigidos por assessoras e representantes da DC. Segundo Julieta Campusano, membro do PC, às militantes comunistas cabia a tarefa de se incorporar a estes centros a partir da participação nas ações reivindicativas ligadas à economia doméstica com o intuito de conquistar o apoio das donas de casa nos protestos contra a alta do gás de cozinha e em prol da nacionalização de sua distribuição e pela criação de policlínicas e escolas de educação infantil. Apesar dos esforços do PC para unificar a organização de donas de casa dos bairros de periferia de Santiago, até 1969 não havia obtido êxito neste aspecto.[59] A valorização de Ramona, no que se refere à sua ligação com a família e formação religiosa, parece estar de acordo com a busca do apoio feminino em espaços como estes.

O PC organizou também Células Femininas do Partido para orientar ideologicamente suas militantes e promoveu 115 mulheres a postos diretivos, aumentando, ainda em 1969, de 27% para 29% o número de mulheres no partido.[60] Sendo assim, é possível afirmar que o interesse pela integração da mulher no PC estava estreitamente ligado às necessidades colocadas pela linha eleitoral e não às lutas pelos direitos femininos que marcaram os movimentos sociais no final da década de 1960.

Retomando as duas últimas fotografias (figs. 4.5 e 4.6), lembramos que elas registraram o automóvel utilizado para a locomoção dos brigadistas e de seus materiais. O velho caminhão se tornou uma peça característica das BRP e, por ser antigo e mal conservado, os brigadistas o apelidaram de "La Tetera" ("A Chaleira"). Na imagem, ele aparece transportando-os uniformizados como operários, com bandeiras e um cartaz identificando-os como uma Brigada Ramona Parra com a frase "Estes são os poderosos caminhões blindados de que fala o jornal *La Prensa*"[61] fixado na parte dianteira do cami-

57 PARTIDO COMUNISTA DE CHILE. *Op. cit.*, p. 67-70.

58 Na eleição de 1964, 56,7% dos votos das mulheres chilenas foram para a DC e apenas 13,5% para a FRAP.

59 PARTIDO COMUNISTA DE CHILE. *Op. cit.*, p. 91-93

60 *Ibidem*, p. 95.

61 Tradução da autora.

nhão. Tratava-se de uma resposta à imprensa de oposição que acusava as BRP de possuírem um automóvel blindado no qual guardavam todo tipo de armas de combate.

Os diferentes relatos consultados sobre as brigadas muralistas destacaram o fato de que quanto mais seus trabalhos se expandiam e ganhavam reconhecimento social e institucional, mais frequentes se tornavam os ataques da imprensa, de partidos políticos e organizações da oposição.[62] Um dos principais argumentos da oposição era que as brigadas escondiam armas para se preparar para tomar definitivamente o poder por meio da violência.

Os militantes das BRP estavam comprometidos com as tarefas delegadas pelo PC às suas organizações juvenis. Conforme declarou a secretária-geral das JJCC, Gladys Marin, e confirmaram as entrevistas realizadas pelos comunicólogos Sebastian Fontbona, Nicolas Labra e Ismael Larraín,[63] entre 1970 e 1973, os integrantes das BRP se consideravam, em primeiro lugar, militantes da JJCC e depois brigadistas. Para os ativistas entrevistados, era a formação política realizada na organização juvenil que lhes proporcionava estímulo e razão para a luta através de ações nas brigadas muralistas.[64]

Apesar da recorrente participação de estudantes de desenho ou artistas plásticos reconhecidos, a natureza militante da produção desta propaganda visual demonstra que para os jovens brigadistas não estava em questão a realização de grandes feitos estéticos, mas, como sintetizou um calendário produzido pela empresa Philips Chilena S.A. em 1999, vivenciar como protagonistas seus ideais políticos e sociais.[65]

No entanto, a primazia da função político-ideológica sobre a elaboração plástica no muralismo das BRP não impediu o reconhecimento do significado pedagógico-cultural e estético dos murais, especialmente depois da vitória da UP quando as condições de produção muralista se tornaram mais favoráveis para as brigadas.

Das ruas para o museu

Entre 20 de abril e 20 de maio de 1971, os murais das BRP ficaram em exposição no Museu de Arte Contemporânea da Quinta Normal, em Santiago e foram prestigiados por

62 São eles: La revolución chilena no la para nadie! Por esto los reaccionarios conspiran...! (1971), Joan Jara (1998), John Dowing (2000), Sebastián Fontbona, Nicolas Labra e Ismael Larraín (2002), Eduardo Carrasco (2004) e Paloma Abett Díaz e Marcela Lara (2004).

63 São eles: Jaime "El estorbo" Herrera, que participou da BRP 1970-1973...2002; Roberto "El callampa" BRP 1970-1973... 2002; Juan "potito" BRP 1969-1973... 2002; "Chica" Ximena BRP 1972-1973... 2002; "La Flaca" Mari BRP 1971-1973... 2002.

64 FONTBONA, S; LABRA, N; LARRAÍN, I. *Op. cit.*, p. 385.

65 CALENDÁRIO COLECCIÓN PHILIPS. *El Mural en Chile*. Santiago: Philips Chilena S.A, 1999, p. 24.

figuras importantes das artes e da política local, tais como o pintor chileno de renome internacional Roberto Matta[66] e o presidente da República Salvador Allende.[67] Alejandro González relatou que temas dos murais das BRP foram expostos em telas, painéis, faixas, manifestos e, inclusive, foi realizada uma pintura mural no interior do próprio museu registrando a assinatura coletiva "BRP". Na perspectiva do pintor comunista, era a arte da rua que chegava à academia e esse ato inédito estava repleto de significados:

> [...] se pudo ir observando el surgimiento y desarrollo de un arte popular y empiezan a conocerse términos técnicos en las artes plásticas chilenas como: arte efímero, arte colectivo, el desplazamiento del espectador en torno de una obra, participación de todos en el diseño y ejecución colectiva, dignificaron materiales simples rompiendo esquemas. [...]. Estos elementos estaban ligados a um *campo de acción com soporte nuevo* pero com materiales antiguos y tenían uma *función comunicativa* a modo de mensaje: cumplían una función social en la forma en que esta información se entregaba, era directa frente al publico, era *agitación* en el momento de efectuarla porque producía discusión, intercambio con lo que lo rodeaba, había un nuevo criterio: *Imagen-consigna* diaria, que se privilegiaba con el acontecer.[68]

As brigadas muralistas expuseram no museu uma obra que buscava estabelecer o diálogo entre os artistas e a sociedade para se tornar a expressão de uma comunicação originada da ação coletiva. Uma breve análise de alguns painéis e do cartaz de divulgação da exposição permite demonstrar como as imagens produzidas pelas BRP sintetizaram o projeto político-cultural que orientava seus trabalhos:

66 Roberto Matta Echaurren, pintor chileno, nascido em Santiago, muito jovem mudou-se para Paris e aderiu ao surrealismo. Entre os surrealistas foi um dos poucos a abordar diretamente temas políticos sem fazer concessão a "ideologias predatórias" ou ao realismo social (ADES. *Op. cit.*, p. 343)

67 Nesta exposição, segundo German González Quiroz (1989), foram apresentados painéis de outras brigadas como, por exemplo, da Brigada Elmo Catalán e Brigada Inti Peredo do PS, porém não tivemos acesso a registros destes painéis, mesmo consultando funcionários do Museu de Arte Contemporânea da Quinta Normal em Santiago, responsáveis pelos documentos das exposições realizadas por esta instituição entre 1970 e 1971.

68 GONZÁLEZ, *Op. cit.*, p. 4-5.

Fig. 5.1 e 5.2

Fig. 5.3

Figura 5. Disponível em: <http://www.abacq.net/imagineria/exp12.htm>.

Os painéis da exposição (fig. 5), bem como o cartaz de sua divulgação (fig. 6), centram suas temáticas nas simbologias que marcaram os trabalhos desta brigada desde o primeiro ano de governo da UP. Na figura 5.1, abaixo do nome das BRP está o símbolo oficial dos Partidos Comunistas, a foice e o martelo que, relacionado com o nome das brigadas, identificavam a autoria coletiva e a filiação partidária dos produtores dos painéis que se seguiam. No painel 5.2, na parte superior que está visível na imagem fotográfica, observa-se uma pomba em movimento. Na imagem 5.3, aparecem duas pombas alçando voo e ligadas a um braço esquerdo com o punho fechado e a estrela. Originalmente os painéis foram elaborados nas cores da bandeira nacional chilena (vermelho, azul e branco). A pomba que, de acordo com seu simbolismo mais genérico, remete à ideia "de paz, harmonia, esperança ou de felicidade recuperada",[69] foi um símbolo utilizado recorrentemente pelas BRP. A ligação da pomba com o punho fechado (símbolo das lutas populares), com a estrela (representação da vitória) e as cores da bandeira nacional (representação da nação), sugere o projeto de transição pacífica da UP (pomba) que venceu as eleições (estrela) e agora luta (punho fechado), institucionalmente, pelo socialismo no Chile (cores da bandeira).

Ainda na fotografia 5.3 observamos um segundo painel onde, na parte superior, foi pintado um rosto de traços típicos das populações andinas (boca grossa, nariz largo e olhos grandes), muito recorrente nos murais das BRP. As características do rosto remetem às estátuas de pedra, conhecidas como "moais" e encontradas na praia de Anakena, na Ilha de Páscua, em Valparaíso.[70] Ao mesmo tempo, os traços e as expressões dos rostos demonstram um diálogo com as obras do artista plástico equatoriano Oswaldo Guayasamín (1919-1999).[71] Na parte inferior do painel foram pintados dois rostos unidos pela cabeça, um que lembra os povos africanos e outro, os povos do Sudeste Asiático. O rosto africano segue o punho fechado do homem asiático. Este, virado para o lado oposto, segue o punho do homem africano. Os dois painéis da fig. 5.3 sugerem a relação entre a luta dos latino-americanos (rosto andino) e de outros povos que buscavam sua libertação política e econômica do domínio imperialista (homens ligados

69 Verbete: pomba. In: CHEVALIER, J.; GHEERBRANT, A. *Dicionário de símbolos. Mitos, sonhos, costumes, gestos, formas, figuras, cores, números.* 8ª ed. Rio de Janeiro: José Olympio, 1994, p. 728.

70 Os 550 moais da Ilha de Páscua constituem vestígios históricos deixados pelos primeiros habitantes da região. Seu caráter monumental, com dimensões que oscilam entre 4 e 20 metros de altura e datam de 1550, ainda hoje representam um enigma, em muitos aspectos, para pesquisadores do mundo inteiro (INSTITUTO DE ESTUDIOS REGIONALES DE LA UNIVERSIDAD DE CHILE. *Chile: esencia y evolución.* Santiago, 1982).

71 Entre a vasta produção plástica de Oswaldo Guayasamín (1919-1999), destacamos como referência a série *El rostro del hombre*, apresentada em 1968 no Museu de Belas-Artes da Cidade do México. Este pintor equatoriano estudou na Escola de Belas-Artes de Quito entre 1933 e 1940. Fez sua primeira exposição individual em 1940. Sua obra foi prestigiada nos Estados Unidos, no México, na Venezuela, no Peru, no Chile, na Argentina e na Bolívia. Segundo Dawn Ades, "recebeu o Grande Premio de Pintura na III Bienal da Espanha e o premio de melhor pintor sul-americano na IV Bienal de São Paulo. Expôs na Pan-American Union, Washington, D.C., 1955, 1958. Executou uma série de 250 pinturas, *La edad de la ira*, inspirada nos prisioneiros políticos." (ADES, Op. cit., p. 346.).

pela cabeça e pelos punhos), como era o caso, na época, da luta do Vietnã, de Laos e de Camboja. A ligação pelas cabeças e punhos propõe ainda a referência à força representada na união dos líderes (cabeças) e seus povos (punhos fechados). Esta representação estava de acordo com a política internacional do governo popular proposta no programa da UP, que defendia o estabelecimento de vínculos de amizade e solidariedade com todos os povos dependentes ou colonizados, em especial os que estavam em luta pela sua libertação e independência política e econômica.[72]

Figura 6. Autoria: BRP. Fonte: Disponível em: <http://www.abacq.net/imagineria/exp12.htm>).

O cartaz de divulgação da exposição no Museu de Arte Contemporânea (fig. 6) conjugou cores, traços e símbolos característicos das mensagens de propaganda das BRP: cores planas e intensas, predominantemente as cores da bandeira nacional e o amarelo (cor característica destas brigadas) e o contorno em preto que proporcionava vivacidade às imagens. Na parte superior do cartaz, uma mão-bandeira desenhada sobre o nome da brigada e das JJCC, desloca-se, com delicadeza, em direção a uma flor nativa. No centro do cartaz observam-se a mão-pomba-estrela, a foice e o martelo e a mão com a sigla "BRP" segurando um pincel. A mensagem se completa na parte inferior do cartaz com a mão direita aberta e a estrela ao lado do rosto de uma mulher com as características dos povos andinos.

72 PROGRAMA DE LA UNIDAD POPULAR, *Op. cit.*, p. 45.

A mão-bandeira se deslocando em direção ao fruto da terra sugere a representação do governo popular (mão envolvida na bandeira) que cuida da nação (flor nativa). Mão-bandeira e flor estão associadas à estrela, que remete à ideia da vitória de um projeto que propôs resgatar a soberania nacional e valorizar as camadas populares, atendendo às suas necessidades e respeitando suas tradições.

Os três símbolos do centro do cartaz conjugam a proposta revolucionária em questão e as armas de luta consideradas condizentes com ela. A mão aberta que deu forma a uma pomba e levou na sua palma a estrela sintetiza a forma pacífica como o projeto de transição ao socialismo vitorioso nas eleições (estrela) estava sendo conduzido pelo governo. O símbolo do comunismo elaborado com a cor branca (outra forma de expressar o caráter pacífico das transformações) reitera o papel do PC como principal aliado do governo na manutenção da luta no âmbito institucional. Por fim, a representação do punho fechado (símbolo tradicional das lutas populares) segurando um pincel, reiterou a intenção das JJCC de fazer da propaganda muralista uma estratégia cultural de defesa da realização do programa do governo.

Sobre os símbolos da parte inferior do cartaz observamos a combinação entre a mão direita aberta desenhada com uma estrela pintada no punho e o rosto sério de uma mulher com traços andinos. A mão direita aberta estabelece novamente uma contraposição ao punho esquerdo fechado e, assim, propôs uma forma de luta diferenciada das tradicionalmente encampadas pelos governos revolucionários de esquerda. A estrela desenhada no punho da mão aberta pressupõe a vitória dessa outra forma de luta. Já a imagem feminina recoloca a valorização da mulher na luta e, ao mesmo tempo, também permite uma relação com o seu simbolismo mais genérico. Neste sentido, a mulher é entendida como expressão da possibilidade de "transcendência", "futuro", "fonte de todo potencial afetivo", "portadora de coragem, de ideal e de bondade".[73] Simbologia que, associada a seus traços andinos e à expressão de seriedade, pretendeu reforçar a crença na viabilidade da via pacífica e o comprometimento com a luta pela realização da revolução socialista na Améria Latina.

Os painéis da exposição (fig. 5) assim como os símbolos presentes no cartaz (fig. 6), sintetizam a iniciativa desta brigada em criar representações do processo de transição ao socialismo no Chile condizentes com o projeto da via pacífica. Simultaneamente, através da valorização das lutas de libertação encampadas por outros povos e com o recurso a outros meios como, por exemplo, a guerrilha vietnamita (fig. 5.3), observamos uma ten-

73 Verbete: feminino. In: CHEVALIER; GHEERBRANT, *Op. cit.*, p. 421.

tativa de reafirmar o sentido revolucionário do projeto da UP e sua conexão com as lutas pela libertação na América Latina e no mundo.

A proposta da exposição e a simbologia das imagens apresentaram assim um duplo sentido. Em primeiro lugar a tentativa do PC e do governo de dar a conhecer e consolidar outra função para a arte, colocando-a como instrumento de conhecimento, mensagem e meio de comunicação das lutas populares.[74] Em segundo lugar, utilizaram a exposição para reafirmar seu compromisso com a via pacífica enfatizando seu sentido revolucionário.

Na perspectiva das instituições tradicionalmente comprometidas com a produção artística acadêmica, como era o caso dos museus de arte, concordamos com Carolina Olmedo quando afirma que esta exposição foi o ponta-pé inicial de um plano integral de desenvolvimento cultural impulsionado a partir do IAL. Segundo a autora:

> Es posible que la elección casi inaugural de la BRP respondiera a la necesidad de preparar al museo y su público para el tránsito a convertirse en un verdadero epicentro del arte popular, concibiendo al espacio institucional más como un punto de acontecimientos – anticipándose a la idea de "centro cultural"– que un repositorio de la memoria. Respecto a este tema, el propio Guillermo Núñez afirma estar "en desacuerdo con un arte definitivo": "Estamos todavía en plena búsqueda. Por eso me interesa el trabajo de las brigadas. Sus obras las borran la lluvia, el enemigo o ellos mismos.[75]

Os artistas plásticos e as BRP

Em 1971, o pintor surrealista chileno Roberto Matta, de carreira internacional e residente na França, foi convidado pelo governo de Salvador Allende para visitar o Chile. Durante sua estadia desenhou um mural em conjunto com as BRP na piscina municipal do bairro La Granja, periferia de Santiago, intitulado "O primeiro gol do povo chileno" (fig. 7).

---

74 LEON, *Op. cit.*, p. 110; 115.

75 CARRASCO, C. O. "El muralismo comunista en Chile: la exposición retrospectiva de las Brigadas Ramona Parra en el Museo de Arte Contemporáneo de Santiago, 1971". In: ULIANOVA, Olva; LOYOLA, Manuel; ÁLVAREZ, Rolando (ed.). *1912-2012: El siglo de los comunistas chilenos*. Santiago: Editora: Universidad de Santiago de Chile / Instituto de Estudios Avanzados, 2012, p. 308-309.

Figura 7. Mural pintado pelas BRP com a participação do pintor Roberto Matta na piscina municipal do bairro La Granja em Santiago. Disponível em: <http://www.abacq.net/imagineria>.

O pintor esboçou e desenhou o mural e os brigadistas o coloriram. No fragmento é possível observar a abordagem metafórica da vitória de Salvador Allende: o primeiro gol em um jogo de futebol favorece um time, encorajando-o a ganhar a partida. Em sentido similar, a eleição de Salvador Allende significava o passo inicial que encorajaria os chilenos a continuar a batalha pela realização da transição ao socialismo no Chile.

A aproximação de Roberto Matta com as BRP expressou o apoio e o comprometimento de um artista de renome internacional com o projeto da UP e com o significado cultural que a experiência das brigadas muralistas vinha alcançando ao longo da experiência chilena. Em um colóquio realizado no Museu de Belas-Artes da Universidade do Chile, Roberto Matta posicionou-se a favor da participação dos artistas chilenos na luta revolucionária para, através de ações artísticas, construir pontes entre o projeto do governo e as camadas populares. Nesse sentido, considerava paradigmática a ação cultural coletiva das brigadas muralistas.[76]

O mural elaborado nas margens do rio Mapocho entre 1971 e 1972[77] para comemorar os 50 anos do PC também representou uma realização de grande significado na prática política e cultural das BRP.[78] Entre diferentes registros fotográficos encontra-

76 "Un pintor de la mano con el pueblo. Matta: 'Ahora las cosas dela arte nacen de abajo, como las flores'". *El Siglo*, Santiago, 19 nov. 1971. As declarações de Roberto Matta eram compartilhadas por Carlos Hermosilla, Gregório de la Fuente, Guillermo Nuñez, José Balmes, José Venturelli, Julio Escamez, Pedro Lobos e Rafael Ampuero, importantes artistas plásticos chilenos. Todos eles publicaram suas concepções sobre o papel da arte e do artista durante a transição para o socialismo no Chile no livro de Ernesto Saúl, *Pintura Social en Chile*.

77 As análises de César Albornoz (2005) e de Eduardo Castillo (2008) coincidem na classificação do mural produzido nas margens do rio Mapocho como a melhor expressão da relação dos artistas com as BRP. No entanto, divergem nos dados sobre a extensão do mural e as fases da sua produção.

78 O PC originou-se tendo como base o operariado chileno organizado no Partido Operário Socialista (POS), que existia desde junho de 1912. Seu principal fundador foi Luis Emilio Recabarren, tipógrafo

dos, os dois fragmentos a seguir (fig. 8) apresentaram as melhores condições para sua reprodução e análise.

Fig. 8.1

Fig. 8.2

Figura 8. Fragmento do mural pintado em homenagem aos 50 anos do PC, localizado nas margens do rio Mapocho, 1972. Autoria: BRP com a participação de diferentes pintores profissionais. Disponível em: <http://www.abacq.net/imagineria>.

O tema do primeiro fragmento (fig. 8.1) é uma grande mobilização de trabalhadores. O predomínio de cores quentes (variações de amarelo, laranja e vermelho), o solo arenoso, o céu amarelado, as pessoas carregando bandeiras vermelhas, as chaminés

e editor-chefe do primeiro jornal do partido, denominado *El Despertar de los Trabajadores*. Tal mudança, apesar de não ter gerado cisões iniciais na organização, ocasionou uma maior integração do partido com as discussões internacionais e a reorientação da estrutura partidária e de seus métodos de trabalho de acordo com a concepção leninista de partido. Ver: Marcos Del Roio (2007) e Elisa de Campos Borges (2005), Hernán Ramirez Necochea (1984).

de fábricas ativas e os quatro crucifixos cravados no chão, indicam a ambientação da representação nas regiões desérticas do norte do Chile. Os traços andinos dos rostos da multidão que caminha e olha na direção de uma pessoa em destaque no canto direito da imagem remetem ao movimento operário chileno, cujo líder aparece com os mesmos traços, empunhando a bandeira e apresenta, no rosto e nos dedos das mãos, as cores da bandeira chilena. Desse modo, a representação recorda os primórdios do movimento operário chileno e enfatiza seu caráter genuinamente nacional e popular.

O historiador chileno Julio Pinto Vallejos demonstrou que há uma estreita relação entre a região norte do Chile, em especial Tarapacá, e a identidade operária de significativos segmentos sociais do país.[79] O autor demonstra porque a região foi palco de intensos movimentos reivindicativos dos trabalhadores, cujo marco inicial teria sido uma greve realizada em 1890, e que se estenderam até o colapso definitivo da exploração econômica do salitre, na década de 1920. Portanto, associar a trajetória do PC com a dos trabalhadores do norte do país significava atribuir à história do partido uma marca nacional ligada ao sofrimento e à utopia popular. Conforme lembrou o autor, foi na "pampa salitrera" que se forjaram os principais líderes (Luis Emilio Recabarren, Elias Lafertte, entre outros) e o partido operário (Partido Obrero Socialista) que fizeram parte do nascimento do PC.[80]

Diferentes autores ressaltaram que o mural abordou a história do PC confundindo-a com a história do movimento operário chileno. Embora a relação direta entre essas duas trajetórias tenha resultado em controvérsias historiográficas, associá-las no mural era uma maneira dos comunistas enfatizarem suas raízes nacionais com vistas a ampliar a identificação popular com sua estratégia de luta.

É importante destacar que o fato da imagem não dar uma identidade conhecida para o líder em direção a quem a multidão se desloca, expressa uma característica singular da propaganda visual da UP: a iniciativa de evitar a personificação de protagonistas do movimento coletivo e popular.

No fragmento seguinte (fig. 8.2) observam-se rostos brancos atrás de grades, seguidos de punhos fechados. A imagem estabelece uma representação em que o rosto pálido aprisionado remete a um acontecimento trágico da história do PC: a época em que entrou em vigência a "Ley Maldita"[81] (1948-1958). Esta lei, chamada oficialmente de "Ley de Defensa de la Democracia", previa a cassação dos registros legais do PC e a

79 VALLEJOS, J. P. *Desgarros y utopías en la pampa salitrera. La consolidación de la identidad obrera en tiempos de la cuestión social (1890-1923)*. Santiago: LOM, 2007

80 *Ibidem*, p. 9.

81 HUNNEUS, C. *La Guerra Fría chilena. Gabriel González Videla y la ley maldita*. Santiago Debate, 2009.

perseguição e prisão dos seus militantes e simpatizantes. Os punhos fechados elaborados predominantemente com cores quentes propõem a permanência da luta e da resistência dos trabalhadores, mesmo em condições adversas.

Os trabalhos no mural do Rio Mapocho iniciaram no final de 1971 e se estenderam até o verão de 1972. Participaram da elaboração pintores renomados como José Balmes (na época Diretor da Escola de Belas-Artes da Universidade do chile), Gracia Barrios e Francisco Brugnoli, entre outros, além de estudantes da Faculdade de Belas-Artes da Universidade do Chile e dos jovens da BRP. Os traçadores brigadistas foram Ramón "Moncho" Meneses, Mario Castillo, César Olhagaray, Francisco Sasso e "Mono" González.[82] A pintura foi dividida em fragmentos e cada um deles relatava uma parte da história do PC. Eduardo Castillo comenta que em alguns trechos do mural a linguagem pictórica foi afetada pelo estilo do artista profissional que participou da sua elaboração.[83]

Outros artistas, alguns deles envolvidos com importantes instituições ligadas às artes visuais, demonstraram apoio e reconhecimento pelo trabalho das BRP por outras vias. Um exemplo já mencionado foi o pintor Guillermo Núñez, promotor da exposição "El Arte Brigadista!", em 1971, ou as declarações de José Balmes,[84] publicadas na revista *La Quinta Rueda*, em 1973, sobre a necessidade de se criar uma situação propícia para que os artistas vinculassem seu trabalho à construção da nova sociedade junto aos demais trabalhadores.[85]

---

82 CASTILLO ESPINOZA. E. *Puño y letra. Movimiento social y comunicación gráfica en Chile*. Santiago de Chile: Ocho Libros Editores, 2006. p. 119

83 *Ibidem..*

84 José Balmes, pintor espanhol e decano da Faculdade de Belas-Artes daUniversidade do Chile, era considerado pela revista uma autoridade no debate sobre Política Cultural. Participou do grupo *Signo* que, no início dos anos 1960, introduziu uma proposta de ruptura com as tendências pós-impressionistas e da abstração geométrica da primeira metade do século. O grupo adotou a abstração informalista dos pintores Antonie Tàpies e Modest Cuixart, gerando uma profunda mudança na cena artística chilena reforçada pela presença de uma pintura antiacadêmica, descompromissada, mais tarde acrescida por formas de expressão da situação política do momento que problematizavam a realidade histórica do Chile e da América Latina. Uma iconografia de denúncia floresceu influenciada pelo triunfo da revolução cubana e sua indubitável repercussão no continente sul-americano (SULLIVAN, E. J. L. *Latin American Art in the twentieth century*. Londres: Phaidon Press Limited, 1996, p. 307).

85 A revista *La Quinta Rueda*, criada para debater as propostas e o desenvolvimento da política cultural durante o governo da UP, teve periodicidade mensal entre outubro de 1972 e agosto de 1973. Nela constam, além dos debates sobre as realizações político-culturais da UP, alguns textos sobre a política cultural cubana e sobre experiências culturais pertinentes às propostas de realização de uma revolução cultural de cunho socialista no Chile..

Além disso, Eduardo Castillo relatou que foi na residência de José Balmes que, em 1971, aconteceu um dos primeiros encontros entre os artistas da UP e as BRP.[86]

Intelectuais e políticos de esquerda fizeram declarações públicas de apoio às atividades das brigadas muralistas[87] e as BRP foram encarregadas de decorar as ruas do país e o edifício construído para a realização da Terceira Conferência das Nações Unidas para o Comércio e o Desenvolvimento (UNCTAD III), em 1972. Além disso, os símbolos das BRP foram utilizados para ilustrar as capas dos discos da Nova Canção Chilena, realizaram murais para decorar o palco de apresentações musicais e foram homenageadas através de músicas e poemas.[88]

Os diferentes analistas dos trabalhos das BRP consultados na pesquisa afirmaram que ao longo do tempo os rabiscos de slogans dos trabalhos iniciais se transformaram em verdadeiros murais e isso deveu-se ao frequente contato com artistas renomados.[89] No último ano do governo da UP as pinturas destas brigadas uniam a reivindicação social com elementos coloridos e desenhos de primeira ordem e já haviam consolidado um verdadeiro código visual que marcou uma etapa da história da arte chilena, como veremos nos próximos capítulos. Tais constatações tornam compreensível o convite recebido pelas BRP para participarem da oitava Bienal de Jovens Artistas, em Paris, em setembro de 1973. Evento do qual não participaram devido ao golpe militar de 11 de setembro.[90]

A histórica presença dos comunistas na vida cultural do Chile também é um aspecto que ajuda a compreender a aproximação das brigadas com os artistas e as insti-

---

86 CASTILLO ESPINOZA. E. *Op.cit.*, 2006, p. 115.

87 O escritor e na época senador do PC, Volodia Telteboim, participante dos debates sobre política cultural deste período, escreveu um artigo publicado na revista cultural *La Quinta Rueda*, defendendo uma revisão da legislação para que a juventude e os artistas das brigadas fizessem dos muros das cidades chilenas os porta-vozes do povo. Ver "Política cultural: Lo que hay y lo que hace falta". *La Quinta Rueda*, nº 6, Santiago, maio 1973. Outra importante manifestação de Volodia Teiteboim ocorreu no debate político-cultural da UP publicado em um texto de 1971 e direcionado para todos os "trabalhadores da cultura". Nele o autor fez uma contundente defesa da democratização da arte e da cultura e o artigo foi acompanhado por uma fotografia das BRP trabalhando com a seguinte legenda: "As gloriosas 'BRP'. Através dos seus desenhos muralistas, as gloriosas 'Brigadas Ramona Parra' levam a verdade ao nosso povo". (Tradução da autora). Ver TEITELBOIM, V. "Asegurar el triunfo de la Revolución". *Asamblea Trabajadores de la Cultura*. Santiago, set. 1971. Disponível em: <http://www.colectivobrp.cl>.

88 Refiro-me à canção B.R.P, composta por Victor Jara, em 1970, e ao poema de Jaime Quezada publicado na revista *La Quinta Rueda*, em novembro de 1972..

89 FONTBONA; LABRA; LARRAÍN. *Op. cit.*, p. 248. Outros críticos que declararam opiniões neste sentido foram Ebe Bellange (1995), Cláudia Campaña e Justo Pastor Mellado (1996), Calendário Colección Philips (1999) e Patrício Rodriguez-Plaza (2002 e 2004).

90 ORTUZAR. *Op. cit.*, e "La BRP a Paris". *Revista Ramona*, n. 78, Santiago, 24 abr. 1973.

tuições artísticas tradicionais do país.[91] Nesse sentido, Eduardo Castillo recordou da militância de Pablo Neruda e dos músicos da NCCH junto ao PC. [92] Além disso, a política cultural iniciada pelo governo da UP facilitou o intercâmbio no campo das artes plásticas ao incorporar nas instituições artistas interessados em superar o academicismo por meio da promoção do contato com a "cultura popular". O interesse de alguns deles pela ação cultural das brigadas levou-os inclusive a fornecer apoio financeiro à organização. Segundo o autor, Roberto Matta, Guillermo Núñez, José Balmes, Gracia Barrios e Francisco Brugnoli foram alguns dos que colaboraram com as BRP nesse sentido.[93]

A exposição dos trabalhos das BRP no museu, seguida do reconhecimento de seus trabalhos por artistas profissionais, agregou significados relevantes à sua proposta: tornou-a expressão de uma nova possibilidade de "arte muralista" e, ao mesmo tempo, ação cultural e representação visual compatível com a estratégia política de luta que embasou o programa da UP.

A Brigada Elmo Catalán: os "jornais do povo" na versão da Juventude Socialista

A Brigada Elmo Catalán (BEC), quando citada na bibliografia sobre o Chile no período de governo da UP, sempre recebeu atenção inferior às BRP, mesmo que, na maioria das vezes, sua abrangência e atuação tenha sido considerada tão relevante quanto a das brigadas comunistas. De fato, o número limitado de registros fotográficos dos murais e de informações sobre a atuação das BEC nas ruas dificultaram a realização de uma análise abrangente sobre seu papel político e cultural entre 1970-1973. No entanto, mesmo assim foi possível dimensionar a maneira como as brigadas muralistas do PS e, a partir dela, a FJS,[94] integraram-se de forma muitas vezes contraditórias na luta política e cultural pela transição ao socialismo no Chile.

91 DALMÁS, C. *Frentismo Cultural em prosa e verso: comparações, conexões e circulação de ideias entre comunistas brasileiros e chilenos.* (1935-1948). Tese (Doutorado) Faculdade de Filosofia, Letras e Ciências Humanas da Universidade de São Paulo, São Paulo, 2012.

92 Em 1967, o militante comunista Danilo Bahamondes foi encarregado de formar grupos de propaganda similares aos que atuaram para a campanha de Salvador Allende em 1964. Na "Marcha por Vietnam", Bahamondes produziu registros gráficos ao longo de todo trajeto. CASTILLO ESPINOZA, E. *Op.cit.*, 2006, p.78.

93 *Ibid.*, p. 115

94 A FJS era a coordenação nacional de todas as Juventudes Socialistas (JS) estruturadas nas diversas regiões do Chile e a responsável pela organização dos congressos nacionais, em que se definiam as linhas a serem seguidas pelas organizações juvenis do PS. (VALLE; DÍAZ, *Op. cit.*).

As BEC, segundo Sebastián Fontbona, Nicolas Labra e Ismael Larraín, elaboraram as principais representações pictóricas do PS e seus trabalhos – junto com os das BRP – impulsionaram o rápido aumento das manifestações propagandistas ligadas às realizações muralistas.[95] Elas foram organizadas em 1969 e, inicialmente, receberam o nome de Brigada Central. No final da década de 1960, a Juventude Socialista (JS) estava bastante dispersa e as brigadas se tornaram um meio de rearticulação da militância e de atração de novos jovens para o PS.[96]

Quando, em junho de 1970, o jornalista chileno Elmo Catalán, membro do Estado-Maior do Exército de Libertação Nacional (ELN), seção chilena, e do Exército de Libertação Nacional boliviano morreu assassinado em Cochabamba, os militantes da FJS, pouco tempo depois, mudaram o nome da brigada para Elmo Catalán com o intuito de homenageá-lo. De acordo com Ximena Ortúzar, a organização da BEC ocorreu, precisamente, em julho de 1970, quando uma delegação da JS voltou de Cuba depois de participar dos trabalhos voluntários na colheita da safra de cana-de-açúcar na ilha. Em 1973, esta brigada já contava com mil e oitocentos militantes jovens entre dezesseis e vinte e dois anos.[97] Além de integrantes das JS, participaram da BEC artistas, estudantes e trabalhadores.

As primeiras realizações da BEC datam de uma ação de campanha conjunta organizada pelas diferentes brigadas dos partidos da UP em apoio a Salvador Allende e realizada pouco antes da eleição de 4 de setembro de 1970. Esta iniciativa, chamada de "Amanecer venceremos" ("Ao amanhecer venceremos"), ocorreu na noite de 1º de setembro quando centenas de brigadas ao longo do país pintaram nos muros o slogan "Venceremos". Na manhã seguinte, só em Santiago, foram contabilizadas mais de quinze mil pinturas.

Eduardo Castillo relata que as BEC, em um primeiro momento, hesitaram em aderir à luta eleitoral devido à decepção com a derrota da FRAP após a campanha de 1963-1964. Porém, gradualmente se integraram em ações conjuntas com as BRP. Foram seis saídas nas quais as brigadas distribuíram duzentas pessoas em pequenos grupos que pintavam nos muros slogans da campanha entre a meia noite e o amanhecer.[98] O mesmo slogan deveria ser espalhado pelo país todo, pois era preciso fixar as propostas chaves do programa da UP e, ao mesmo tempo, contrapor-se de forma massiva aos meios de comu-

95 FONTBONA; LABRA; LARRAÍN, *Op. cit.*, p. 247-248.

96 CASTILLO ESPINOZA. E. Op.cit., 2006, p. 84

97 ORTÚZAR. *Op. cit.*

98 CASTILLO ESPINOZA. E., *Op.cit.*, 2006, p. 85

nicação que apoiavam os candidatos rivais. Conforme denominou Eduardo Castillo, os muros tornaram-se suportes das manchetes da imprensa socialista.[99]

Depois de alcançada a vitória, os trabalhos das BEC, aos poucos, foram substituindo seu sentido eminentemente propagandista e buscaram, durante o primeiro ano e meio de governo da UP, um aprimoramento estético. Seus murais revelaram influências dos muralistas mexicanos e chilenos, mas assumiram como marca tipográfica o modelo da letra do cartaz do filme Spartacus de Stanley Kubrick. Esta marca visual revelou a estreita relação com desenhistas gráficos, especialmente estudantes universitários que introduziram nos murais códigos visuais ligados à publicidade comercial da época.[100]

Em meados de 1971 as BEC foram respaldadas oficialmente pelo PS crescendo numericamente. Porém, diferentemente das BRP, tornaram-se uma organização em que a elaboração de murais de propaganda não era sua preocupação principal, mas mais uma entre outras atividades voltadas à instrução, capacitação e formação política que a JS realizava. Nas entrevistas que realizou com ex-brigadistas da BEC, Eduardo Castillo destacou que a este período corresponde o lema "Pintar, estudiar y luchar, Brigada Elmo Catalán". Ou seja, além das pinturas de propaganda, as BEC debatiam temas políticos, ideológicos e culturais, e participavam de atividades como os trabalhos voluntários realizados em 1972.[101]

Estruturadas também em nível nacional e com estilos, cores e temas próprios, atuaram paralelamente às BRP e isto permitiu que a UP contasse com a participação de dois grandes protagonistas da propaganda política muralista: o preto sobre o amarelo da BRP e o vermelho sobre o branco da BEC, cores que as distinguiam. Havia uma brigada central responsável por ensinar aos brigadistas a elaboração das letras e dos símbolos considerados padrão das brigadas socialistas.

A propósito dos murais da BEC, Sebastián Fontbona, Nicolas Labra e Ismael Larraín, baseados em um depoimento de Enrique Romo – encarregado nacional das brigadas –, afirmaram que, com a intensificação da ofensiva da oposição ao governo a partir de meados de 1972, a mensagem política direta e sem grandes preocupações formais voltou a ser predominante nas mensagens produzidas.[102] Destacaram-se na elaboração

99 *Ibidem*, p.86

100 CALENDÁRIO COLECCIÓN PHILIPS. *Op. cit.*, p. 24.

101 CASTILLO ESPINOZA. E. *Op.cit.*, 2006, p. 94.

102 FONTBONA; LABRA; LARRAÍN, *Op. cit.*, p. 253-256. Infelizmente, na pesquisa realizada no PS chileno, e em outros arquivos da capital Santiago, não obtivemos acesso a nenhuma imagem, além dos seis murais expostos no website *Breve Imaginería Política*, um fragmento publicado na revista *Onda* e uma fotografia disponibilizada pela ex-brigadista socialista Ximena Ahumada Ávila, que pudesse nos permitir recuperar esta evolução dos trabalhos referida pelos autores.

dos murais: Héctor Gatica, Juan Fierro, Leopoldo Tellerías e principalmente Héctor 'Tito' Muñoz. Este, segundo Eduardo Castillo, modificou os caracteres provenientes dos primeiros tempos de propaganda, outorgando-lhes maior legibilidade.[103]

Para a FJS, a função das BEC foi, em primeiro lugar, realizar a propaganda, pois fazia parte das tarefas de educação política delegadas pelo PS às JS. Sebastián Márquez e Carlos Valero, militantes do PS que participaram de trabalhos com as BEC, afirmaram que a iniciativa propagandista e a proposta artística das BRP, por serem pioneiras, serviram de modelo para a organização de brigadas muralistas no PS e representaram uma maneira de iniciar os jovens na militância de forma orientada.[104] Assim como as BRP, as BEC realizaram experiências coletivas de pintura nas quais também houve uma divisão de trabalho de acordo com a habilidade de cada participante, pautada no objetivo de promoção da arte popular. Um exemplo ilustrativo de iniciativas neste sentido foi o projeto-piloto realizado em Valparaíso, que visava ensinar para crianças as técnicas da produção de murais em brigadas, para que este tipo de criação tivesse continuidade na futura sociedade socialista.[105]

Ao tratar da estrutura organizativa desta brigada, Ximena Ortúzar ressaltou, citando relatos de um brigadista não identificado, que em cada organização juvenil socialista eram selecionados e preparados os melhores militantes para realizarem tarefas de orientação política e cultural através das brigadas. Segundo o relato,

> El primer paso es asistir a una escuela de cuadros, donde aprenden organización, trazado y cuidado de materiales. Y lo más importante: conducta durante el trabajo. Está prohibido hablar y fumar durante el rayado. El que terminan su trabajo debe subir al camión y esperar a los demás. Sobre todo nos enseñan que "disciplina es seguridad". Ninguno porta armas. Lo prohíbe el partido. Por eso, cuando al amanecer, en cualquier parte, aparecen los enemigos y los agreden, usan dos estrategias de defensa: Tirarse al suelo y las patitas a correr. Claro que ellos andan bastante bien aperados de palos, piedras y balas. En linares, durante la campaña del 72, tuvimos cinco

103 CASTILLO ESPINOZA. E. *Op.cit.*, 2006, p. 96.

104 MÁRQUEZ, S. e VALERO, C. *Entrevista concedida à autora deste trabalho*. Santiago, 18 fev. 2004.

105 As informações sobre este projeto foram obtidas a partir do diálogo estabelecido com a artista plástica e ex-brigadista das BEC, Ximena Ahumada Ávila, por meio de uma entrevista eletrônica via web. O contato foi cedido pelos organizadores do website *Memória Chilena*, pertencente à Biblioteca Nacional localizada em Santiago; o roteiro da entrevista consta no anexo (AHUMADA ÁVILA, X. *Entrevista concedida à autora deste trabalho*. Set. 2006).

> compañeros heridos a metralleta. No pudimos hacer mucho, total, nosotros no somos brigadas de choque, sino propagandísticas.[106]

A partir disso, o artigo de Ximena Ortúzar ressaltou a função propagandista das brigadas como um recurso de luta que excluía a violência e, ao mesmo tempo, denunciou os adversários políticos da UP como artífices deste tipo de ação. No entanto, a simbologia desta brigada, observada na maior parte dos murais analisados, se contrapõe a esta constatação.

Nos murais da BEC observamos uma simbologia menos diversificada do que a utilizada pelas BRP. Enquanto estas criaram símbolos novos, ligados à questão da identidade revolucionária da via pacífica, as BEC reproduziram símbolos tradicionais da esquerda e expressaram uma identidade revolucionária paradoxal com a estratégia prevista no programa da UP. O mais recorrente entre eles foi a representação da imagem de guerrilheiros, em especial de Che Guevara, como mostram os fragmentos dos murais a seguir, apresentados em uma exposição realizada em 1971:

Figura 9. Fragmento de um mural pintado pelas BEC, em outubro de 1971, em uma exposição para homenagear o 8 de outubro, dia do "Guerrilheiro Heróico". Disponível em: <http://www.abacq.net/imagineria/006.htm>.

106 ORTÚZAR. *Op. cit.*

As BEC elaboraram estes murais para um evento realizado pela Federação de Estudantes da Universidade do Chile (FECH), em outubro de 1971, em homenagem ao dia do Guerrilheiro Heróico ("Che Guevara"). A imagem é composta pela representação de Che Guevara junto à bandeira cubana.

A relação das BEC com o modelo revolucionário cubano já se explicitou no seu nascimento quando o nome da brigada foi escolhido para homenagear um guerrilheiro chileno que morreu lutando na Bolívia. A presença de Elmo Catalán na guerrilha boliviana fez parte da política internacionalista do PS, vigente nos anos 1960, quando o partido enviava agentes para combaterem em diferentes lutas internacionais. Nesse período, conforme atestou Carlos Altamirano, o PS apoiou o movimento guerrilheiro boliviano, uruguaio (Tupamaros) e argentino (Montoneros).[107]

Segundo a linha de seu partido, também a FJS, desde 1957, manteve estreitas relações com diferentes organizações revolucionárias, especialmente com as cubanas que lutavam contra o ditador Fulgencio Batista, e tomou Che Guevara como modelo de revolucionário a ser valorizado.[108] As JS, assim como as JJCC, estabeleciam suas ações políticas baseadas nas pautas em discussão de seus partidos e realizavam debates entre si sobre as decisões tomadas.[109] Porém, em momentos de reavaliação de estratégias do partido, as linhas políticas assumidas pelas JS, muitas vezes, divergiram do Comitê Central (CC) do PS, influenciando nos debates e nas decisões da comissão política.

Divergências neste sentido foram apontadas por Jorge Valle e José Díaz, principalmente depois da campanha e da derrota da FRAP, em 1964. A partir de então a FJS passou a fazer duras críticas à condução da campanha, à linha eleitoral do PS e do PC e a defender de maneira mais enérgica a integridade do socialismo revolucionário, o que significava uma maior valorização das categorias de base do partido e a aplicação da política da *Frente de Trabalhadores*. Tal postura gerou conflitos na FRAP Juvenil entre FJS e a JJCC, tendo em vista que esta, fiel à linha eleitoral do PC, seguia uma política de atuação em todas as frentes de massas. Dessa forma, até o início da campanha da UP, em 1969, as

---

107 ALTAMIRANO. *Op. cit.*, p. 16.

108 VALLE; DÍAZ. *Op. cit.*, p. 43-44.

109 É importante ter-se em conta que os debates entre as FJS e a JJCC baseavam-se nas pautas de discussão dos seus partidos de origem. Por exemplo, em 1962 ao mesmo tempo em que o PC e o PS discutiam as linhas da política internacional e as vias de construção do socialismo na FRAP, aconteceram paralelamente a XVII Conferencia Nacional da FJS e uma plenária da JJCC. Nestes eventos as organizações juvenis debateram separadamente e em conjunto a mesma pauta dos partidos com o objetivo de organizar a FRAP Juvenil, buscando métodos objetivos de ação e a unidade entre as juventudes (*Ibidem*, p. 44).

juventudes dos principais partidos de esquerda do Chile formaram chapas próprias nas eleições universitárias, sendo que a FJS passou a estabelecer listas junto com o MIR.

Em março de 1970, depois da adesão do PS à UP e da flexibilização da linha da *Frente de Trabalhadores*, o candidato Salvador Allende e o subsecretário-geral do partido, Adonis Sepúlveda, participaram do Congresso Nacional da FJS, onde buscaram clarificar o caráter dos partidos de esquerda na campanha e no governo da UP, conforme foi definido na Conferência do Programa de 1969. Especialmente sobre a campanha presidencial, as JS ficaram encarregadas de organizar uma campanha de recrutamento batizada de "Contingente 'Che Guevara'". O objetivo era impulsionar a integração da juventude na campanha da UP atribuindo-lhes a tarefa de formação doutrinária tanto dos jovens quanto das camadas populares em geral, esclarecendo-os sobre o sentido revolucionário do programa da UP e a importância da participação popular nas mobilizações políticas.[110]

Surpreendida pela vitória da UP, a direção da FJS interrompeu as discussões sobre as condições revolucionárias e sobre as vias doutrinárias para a transição ao socialismo no Chile, passando a considerar os assuntos e as atividades de acordo com a linha política assumida pelo governo. Como o PS, a FJS defendeu o fortalecimento da UP, em especial da unidade socialista-comunista, o apoio à nacionalização do cobre sem indenização, a substituição rápida da institucionalidade vigente, em especial do parlamento e da corte suprema, e o apoio às mais amplas atribuições presidenciais para restaurar a administração pública.[111]

No XXIII Congresso Geral do PS, realizado na cidade de La Serena em janeiro de 1971, no qual Carlos Altamirano foi eleito secretário-geral, o partido adotou uma linha política de respaldo aos Comitês de Unidade Popular para garantir a mobilização e a incorporação da população nas tarefas que dependiam da participação popular como, por exemplo, na batalha da produção. Segundo Jorge Valle e José Díaz, à FJS coube, principalmente, ações voltadas à conscientização da população para obter apoio para a UP nas disputas eleitorais em plano nacional (eleições parlamentares e municipais), no âmbito sindical (as eleições da CUT), e no campo juvenil (nas federações universitárias e secundárias) e sua participação na direção do partido aumentou consideravelmente. Esta estratégia de ação a partir dos CUP estava de acordo com a intenção do PS de se tornar a "vanguarda revolucionária" da etapa de transição para o socialismo.[112]

---

110 *Ibidem*, p. 54.

111 *Ibidem*

112 Em agosto de 1971 ocorreu a Conferência Nacional da FJS que seguiu as determinações do partido no período (*Ibidem*. p. 56-57).

No entanto, apesar desta orientação, a conduta de dirigentes e militantes do PS apontaram para uma constante intenção de mudança da estratégia de luta, desde o período eleitoral até o último ano de governo da UP, evidenciadas pelo apoio a treinamentos de guerrilha[113] e ações armadas nas ruas da capital Santiago.[114] Posturas que geraram fortes descompassos entre as JS e o CC do PS, bem como pontuaram as diferentes relações da FJS e da JJCC como seus partidos de origem e com o projeto da UP.

Sendo assim, as BEC, enquanto organizações de propaganda da FJS, veicularam estes descompassos internos do PS através de suas imagens e, ao mesmo tempo, demarcaram as suas divergências de conduta com o PC e as BRP. Porém, no tocante às ações de propaganda na rua, a relação descrita entre as BRP e as BEC, pelos brigadistas das brigadas socialistas, era respeitosa e baseada no desejo comum de mudança política e social.

---

113 Jorge Valle e José Díaz destacaram o caso Chaihuin, ocorrido em maio de 1970, como exemplo deste descompasso de posturas. Em Chahuin foram presos, pelas forças de segurança do governo democrata cristão, seis jovens que integravam um centro de treinamento de guerrilheiros, dentre os quais quatro eram vinculados ao PS. Esta descoberta, segundo os autores, foi profundamente explorada pela imprensa de direita e pela governamental para colocar em xeque o caráter pacífico da revolução proposta pela candidatura de Salvador Allende e gerou dúvidas entre os demais partidos da UP, a respeito do tipo de apoio que o PS estaria disposto a dar à candidatura à Presidência da República. Diante deste acontecimento, o secretário-geral do PS no período, Aniceto Rodríguez, negou publicamente que os detidos fossem militantes socialistas, e os líderes das JS da região Sul do país (Ñuble e Concepción) declararam, publicamente, solidariedade aos companheiros presos (*Ibidem*, p. 54-55)."

114 O relato do jornalista chileno Tito Drago ressaltou como certas pretensões vanguardistas dos socialistas deram ensejo para a realização de ações isoladas que geraram conflitos internos no partido e resultaram em duras críticas por parte dos demais integrantes da coalizão governista, sobretudo o PC, e a indignação do presidente Salvador Allende. O autor relatou uma ação de rua organizada no mês de maio de 1973, que envolveu os principais líderes do PS (secretário de organização do PS, Ariel Ulloa, e o secretário-geral Carlos Altamirano) e comitês do partido, em Santiago. O objetivo da ação era intensificar as manifestações dos militantes socialistas, disputar e dominar as ruas que estavam sendo tomadas pelo movimento extrema-direita *Pátria e Liberdade* e o pelo *Comando Rolando Matus* do PN. No dia da ação foi assassinado Mario Aguilar, chefe do grupo de ação do movimento *Pátria e Liberdade*, e saíram feridos outros integrantes dos grupos de oposição. Os militantes do PS sentiram-se vitoriosos, pois poucos tiveram ferimentos leves e conseguiram desmobilizar os grupos opositores. Acreditavam haver cumprido a missão de recuperar o protagonismo das ruas, conforme havia solicitado o CC, porém, diante da repercussão política de tal fato, o CC negou a participação de militantes socialistas neste confronto e atribuiu o acontecimento aos grupos de extrema-direita. A negação da autoria do conflito ocasionou indignação das bases do PS, sob a justificativa de que haviam cumprido vitoriosamente uma orientação do CC e, sendo assim, sua ação deveria ter sido valorizada. Por outro lado, o presidente Salvador Allende recriminou o paralelismo do CC, exigiu a entrega e a destruição das armas utilizadas pelos militantes de seu partido e decretou estado de emergência em Santiago (DRAGO, T. *Chile: Um duplo seqüestro*. São Paulo: Thaurus, 1995, p. 119-125).

A falta de registros de murais produzidos pelas BEC, bem como do envolvimento desta brigada com ações culturais mais amplas, apontaram para uma diferenciação da inserção das suas atividades muralistas no processo de mudança política e cultural, especialmente quando comparadas com as BRP.

Diante do exposto podemos afirmar que a ação cultural das brigadas muralistas para fazer propaganda do projeto da UP conseguiu deslocar as artes visuais em direção à ação coletiva e pública e ganhou contornos específicos que, em última instância, precisam ser esclarecidos. O crítico Carlos Leon definiu duas funções que marcaram o movimento das brigadas muralistas como um todo. A primeira, de "informação e convicção ideológica", ligada à sua proposta de massificação da informação, para se estabelecer como contraponto popular aos meios de comunicação tradicionais e hegemônicos. A segunda função, de "criação e participação", esteve ralacionada ao valor simbólico da prática brigadista no espaço público. Esta se expressou na capacidade das brigadas de, no processo de produção do mural, difundirem o projeto da UP não apenas pela tradução pictórica da mensagem política, mas também porque incorporava o valor do trabalho coletivo e da participação popular na hora da criação.[115] Aspecto este considerado fundamental para um projeto cultural que visava educar, socializar e integrar as pessoas no processo de transformações políticas.

Nesta perspectiva, as funções exercidas pelas brigadas muralistas podem ser relacionadas com as estratégias propagandistas leninistas denominadas *agitprop* que marcaram o imaginário revolucionário russo.[116] O *agitprop* foi o paradigma mais conhecido no século XX, especialmente na cultura do movimento comunista internacional, como uma forma de transmitir as prioridades e perspectivas momentâneas da cúpula do partido no período pré e pós-revolucionário.

John Downing, ao estudar a relação entre a rebeldia nas comunicações e os movimentos sociais, ressaltou a constância e a validade da retomada das estratégias leninistas de propaganda nas situações de crise ou urgência política quando as opções de escolha se

115 LEON. *Op. cit.*, p. 116.

116 Neste caso, estamos nos referindo à estratégia de agitação e propaganda – *agitprop*. Segundo Jean Marie Domenach, as categorias "propagandistas" e "agitadores" foram responsáveis pelo caráter global da propaganda leninista. Os propagandistas tinham a função de dar a explicação completa sobre as injustiças geradas pela contradição do regime capitalista e os agitadores deviam suscitar o descontentamento e a indignação das massas contra estas injustiças. Isso dava à propaganda leninista uma matéria informativa sempre ligada ao tema político central colocado pelo Partido e uma abrangência que visava alcançar todas as classes (operários, camponeses, pequenos burgueses) (DOMENACH. *Op. cit.*, p. 30).

resumem a apenas duas alternativas.[117] A situação dual marcou a realidade chilena, tanto no período eleitoral, quanto no decorrer da experiência de transição ao socialismo. Neste contexto, os militantes precisavam ser criativos e atuar em todas as frentes para garantir a eleição e depois a realização do programa da UP, combatendo dia a dia as investidas da direita para boicotar o projeto.

O conjunto dessas estratégias de conscientização política e cultural ("informação e convicção ideológica", "criação e participação" e agitprop) foram articuladas com algumas tendências das artes internacionais contemporâneas, tais como: a gráfica cubana, hippie e psicodélica; os *happenings* e as *performances;* entre outros. Constituindo assim um movimento que tentou unir arte e propaganda e deu contornos a uma ação cultural que, como classificou Carolina Olmedo, uniu a execução coletiva, o anonimato e a permeabilidade no espaço público.[118]

---

117 DOWNING, J. D. H. *Mídia Radical. Rebeldia nas comunicações e Movimentos Sociais.* São Paulo: Ed. Senac, 2002, p. 109.

118 OLMEDO. *Op.cit.*, p. 306.

Capítulo 3

Cartazes de propaganda e a construção do imaginário revolucionário da via pacífica

"¡Oh! Cliente nuestro que estas en los cielos; que seria de nosotros sin ti, si no nos dieras el pan nuestro de cada día".[1] Esta frase abriu um artigo sobre os produtores gráficos que realizavam os cartazes da UP e, segundo Ximena Ortúzar, foi retirada de um letreiro colocado sobre uma mesa de trabalho do Ateliê dos Irmãos Larrea. Tomamos a frase como ponto de partida porque nela está sintetizada a natureza profissional e comercial da propaganda política encomendada pelo governo a importantes desenhistas gráficos chilenos na época.

No contexto dos amplos esforços para potencializar a participação popular, os cartazes significaram um investimento na difusão das realizações, projetos e atividades de cunho político, social e cultural do governo, constituindo outra ferramenta oficial para se comunicar com a população. Porém, como atestou Eduardo Castillo, os desenhistas contratados individualmente ou agrupados em pequenos estúdios não respondiam a uma ação coordenada por escolas de arte, organizações profissionais, ou pela retórica de uma propaganda oficial, mas sim à necessidade de consolidação profissional dos artistas no mercado e sua vontade de contribuir com o projeto da UP.[2]

Os principais desenhistas gráficos que trabalharam para campanhas oficiais e da esquerda, entre 1970 e 1973, foram Waldo González[3] (mais vinculado a campanhas

---

1 ORTÚZAR, X. "Vicho, Toño y Lucho: tres para un afiche", *Revista Onda*, Santiago, n. 47, p. 33-35, 19 jun. 1973.

2 CASTILLO ESPINOZA, E. (coord.). *Cartel Chileno 1963-1973*. Santiago: Ediciones B/Grupo Zeta, 2004. p. 4.

3 Waldo González Hervé nasceu em 9 de março de 1933 em Santiago, iniciou seus estudos superiores na

sociais ligadas à saúde pública) e Vicente Larrea,[4] fundador do Ateliê dos Irmãos Larrea (produtor de cartazes para fins diversificados – político, social, cultural e comercial), ambos egressos da Escola de Artes Aplicadas (EAA) da Universidade do Chile.

A trajetória de formação e produção gráfica de Waldo González e de Vicente Larrea esteve estreitamente ligada ao processo acadêmico de desenvolvimento do desenho gráfico no Chile e se relacionou com os debates ocorridos no interior da EAA. No final dos anos 1960 e início da década de 1970, com a vitória da UP e diante das novas oportunidades profissionais que se abriram para os artistas que apoiavam o projeto socialista, Waldo González e os integrantes do Ateliê dos Irmãos Larrea encontraram um caminho mais profícuo para o desenvolvimento de seus trabalhos, tanto no sentido estético quanto político.

História do cartaz político chileno

A história do cartaz político chileno está ligada à criação EAA da Universidade do Chile em 1929. Com ela nasceu o curso superior de desenho gráfico responsável pela profissionalização da área no país. A criação da EAA foi motivada pelas reivindicações de artistas formados na Escola de Belas-Artes que observavam o desenvolvimento da publicidade comercial e buscavam um meio de inserção neste campo. O debate em torno das reivindicações dos artistas culminou na cisão da Escola de Belas-Artes em duas seções – artes puras e artes aplicadas – e na sua incorporação à Universidade do Chile.

Na EAA valorizou-se a prática do desenho baseada na definição conceitual do artista gráfico como uma figura que "implica la conjunción de dos mundos, las bellas artes y la imprenta, anteriormente identificados con grupos sociales claramente diferenciados: la elite por un lado, los grupos populares por el otro".[5] Nesse sentido, o ensino da escola foi direcionado à formação de artífices e artesãos em um amplo campo de oficinas de especialização em cerâmica, gravura e impressão, cartaz e propaganda, encadernação etc.,

Bolívia, na área de medicina, onde se destacou como desenhista na aula de anatomia, mas teve que abandonar o curso por falta de recursos financeiros. Somente na década de 1950 retomou os estudos, porém na área de artes aplicadas da Universidade do Chile..

4 Vicente Larrea nasceu em 1942 e ingressou na EAA para estudar decoração de interiores e desenho publicitário. Em 1963 iniciou seu trabalho gráfico no Departamento de Extensão Cultural da Universidade do Chile produzindo material informativo para escolas. Porém, no decorrer dos estudos, deu preferência ao desenho gráfico e se especializou nesta área.

5 *Ibidem*.

abrindo com isso a possibilidade de produção e reconhecimento, acadêmico e profissional do ofício do artista gráfico.[6]

Roman Gubern, em seu trabalho sobre os meios icônicos de massa, explica que a criação de Escolas de Artes Aplicadas foi um acontecimento marcante para o desenvolvimento do cartazismo.[7] Até 1913 os cartazes foram predominantemente obras de pintores submetidos às leis dos cânones das Belas-Artes, tal como estavam codificados no ensino e nas práticas acadêmicas. Porém, a partir da década de 1920, novas mudanças se operaram neste campo fazendo com que o cartaz deixasse de ser uma atividade própria dos pintores para se tornar uma obra dos novos desenhistas gráficos. Os desenhistas gráficos eram técnicos da forma e da cor nas artes icônicas aplicadas e suas produções estavam associadas diretamente a procedimentos técnicos de impressão. Por esta razão, o cartaz deixou de ser visto como uma obra de arte e se converteu em um meio técnico comunicativo. Esta mudança demarcou uma ruptura com a concepção tradicional nas Belas-Artes de que a criação artística representava um ato gerado por um momento de inspiração individual, pois o cartaz consistia em um meio de comunicação social calculado e eficaz.[8]

No Chile, as primeiras gerações de artistas gráficos formados pela EAA ainda tiveram forte influência do academicismo das escolas de arte europeias até a década de 1950. Alejandro Godoy, no seu livro sobre a história do cartaz chileno, relata que os primeiros professores de desenho gráfico da EAA foram a artista plástica Ana Cortés e o arquiteto Camilo Mori. Em 1935, ambos receberam bolsas de estudo do governo

---

6 Até a década de 1930 a produção gráfica chilena, originada na segunda metade do século XIX, se expressou através de produções esparsas, na maioria das vezes ligada a trabalhos de artistas plásticos autodidatas e à movimentação cultural em torno das artes plásticas e da poesia realizada pela Federação de Estudantes da UCHILE (FECH) e concursos promovidos pela revista *Zig-Zag*. Para uma retrospectiva do debate, das produções e dos principais artistas que marcaram a feitura de cartazes no Chile até a criação da EAA, ver Alejandro Godoy (1992) e Eduardo Castillo Espinoza (2004).

7 O período fundacional do cartaz foi marcado pelas criações do litógrafo francês Jules Chéret, por volta de 1866. Seus conteúdos publicitários ligaram-se à divulgação de espetáculos e diversões culturais de lazer, à promoção de livrarias e publicações, a perfumes, cosméticos e produtos farmacêuticos. Sua evolução na segunda metade do século XIX e nas primeiras décadas do século XX ocorreu em sincronia estética com os diferentes estilos que dominaram sucessivamente as artes plásticas de cada período: a art nouveau, o futurismo, a art-déco, o construtivismo, o surrealismo, a pop art etc., o que tornou o cartaz um divulgador de cada um dos estilos plásticos predominantes em cada momento. Sobre a história do cartaz, consultamos John Barnicoat (1975) e Roman Gubern (1997).

8 GUBERN, R. *Medios icónicos de masas*. Madri: História 16, 1997, p. 56-57.

para, acompanhados por um grupo de alunos, irem à Europa estudar artes aplicadas.[9] Segundo o autor, cultivou-se, assim, a proximidade com pressupostos do academicismo europeu que retardaram a incorporação das inovações tecnológicas provenientes da publicidade comercial dos EUA na formação dos artistas gráficos da EAA.[10]

A resistência à influência da publicidade comercial no campo das artes aplicadas começou a ser superada na década de 1960, quando a EAA perdeu espaço profissional e acadêmico para as escolas de comunicação. Os alunos reivindicavam a substituição do "academicismo racionalista e elitista europeu" pelo experimentalismo da publicidade comercial norte-americana, pois viam nela um caráter mais eclético, inclusivista, popular e inovador para a produção dos cartazes.[11] O resultado foi a mudança na forma de entender a profissão do artista gráfico como um profissional mais técnico, funcional e distante das "artes puras".

O enfoque temático dos estudos e na própria composição dos cartazes pelos professores da EAA baseou-se no artesanato tradicional andino e na visualidade proveniente dos povos originários do Chile, o que significa que os cartazes priorizavam a imagem do indígena, das camadas populares, do cotidiano e da paisagem local. Tais opções revelaram o interesse pela representação de símbolos associados ao imaginário nacional chileno e latino-americano. A esse respeito, Eduardo Castillo, baseado em um prospecto da EAA divulgado em 1934, ressaltou a preocupação dos artistas formados nesta instituição com a criação e

9 Ana Cortés se aprimorou em elementos dos cartazes modernos de Paris e, nesta linha, defendia a importância do valor da criação individual em cada cartaz, como marco diferencial (GODOY, A. *Op. cit.*, p. 22-23). Eduardo Castillo Espinoza, ao mencionar as contribuições técnicas desta artista para a estruturação de uma gráfica chilena, destacou o incentivo a uma formação que contemplava, principalmente, exercícios compositivos de imagem e texto realizados a partir do desenho, da têmpera ou do recorte de papel. Este autor ressaltou ainda que, com recursos técnicos da gravura, artistas de origem modesta como Carlos Hermosilla, Santos Chávez e Pedro Lobos estamparam temas vernáculos em suas obras gráficas e constituíram, junto a Ana Cortés, referências para se pensar a visualidade dos cartazes estampados no livro (CASTILLO ESPINOZA, E. *Op. cit.* 2004.).

10 Desde a década de 1940, a publicidade comercial era desenvolvida no Chile por meio do trabalho de desenhistas gráficos estrangeiros fugidos da Segunda Guerra Mundial. Os estudos consultados sobre o tema citam a austríaca Kitty Goldman, o tcheco Francisco Otta e o italiano Giullio de Girolamo como pioneiros no ramo. Eles desenvolviam a propaganda de produtos comerciais de empresas multinacionais. Além disso, é mencionada a criação da *Unión de Cartelistas de Chile*, em 1942, como tentativa de organizar os profissionais e expandir o ofício. Ver Alejandro Godoy (1992) e Eduardo Castillo Espinoza (2004).

11 Desde a década de 1940 ocorreu a expansão e diversificação do mercado do desenho, especialmente a partir da implantação de novas tecnologias de produção como a serigrafia e o sistema de impressão *offset*. A partir de então os custos de produção diminuíram significativamente, bem como foi possível introduzir outras técnicas de elaboração da imagem como o grafismo manual, a tipografia, o desenho, a fotografia, o manejo de critérios de redação publicitária, a edição e a diagramação, a indústria gráfica etc., conforme vinham se desenvolvendo nos EUA (GODOY. *Op. cit.*, p. 28).

a valorização de uma arte nacional. De acordo com o autor, tal documento defendia um direcionamento para questões sociais que se traduzisse na realização de oficinas frequentadas não apenas por artistas, mas também por trabalhadores e operários que aspirassem ao domínio de uma técnica ou de um ofício que privilegiasse uma expressão cultural própria e não vinculada estritamente aos paradigmas acadêmicos europeus. O prospecto expressava assim uma vontade institucional de promover o encontro entre o aprendizado artístico e o mundo popular.[12]

Waldo González se destacou como desenhista gráfico a partir da década de 1950. Ingressou na EAA em 1954, foi aluno de Ana Cortés e o primeiro licenciado em artes plásticas com menção em cartaz e propaganda da Universidade do Chile. Na década de 1960 atuou como professor na EAA ministrando o curso de Desenho Aplicado e, com ele, fundou um dos poucos espaços onde o cartaz foi tema de estudo no Chile.[13] Na década seguinte iniciou sua etapa profissional mais ativa. Em 1971 formou um ateliê com o desenhista Mario Quiroz e realizou, até 1973, cartazes quinzenais para campanhas de saúde pública promovidas pela Polla Chilena de Beneficência.[14]

No tocante às temáticas dos cartazes de Waldo González, observa-se a preocupação pedagógica de resgatar o cotidiano das camadas populares com uma linguagem funcional e educativa. Os temas mãe e filho, criança e família, foram os mais valorizados. Para Maurício Vico e Alejandro Godoy, os trabalhos de Waldo González expressavam o compromisso com a educação popular e uma tentativa de superar os tradicionais sistemas de persuasão preponderantes na publicidade comercial.[15] Por esta razão desenvolveu um trabalho acadêmico que reivindicava um sentido mais educativo para o ofício do artista gráfico, pautado no compromisso social e na responsabilidade com o produto criado.[16]

---

12 CASTILLO ESPINOZA, E. *Op. cit.*, 2004. Ao se referir à existência e ao conteúdo deste prospecto da EAA, Eduardo Castillo ressaltou ainda a falta de estudos mais consistentes sobre o teor desta relação entre arte acadêmica e cultura popular que a escola se propunha a promover.

13 *Ibidem.*

14 A Polla Chilena de Beneficência era uma empresa que elaborava cartazes voltados à promoção de campanhas quinzenais de cunho preventivo contra doenças provocadas por insetos, falta de higiene dos lares, poliomielite, desnutrição infantil, entre outras. Na época era dirigida pelo político de esquerda Julio Palestro, responsável pela aprovação do projeto publicitário elaborado por Mário Quiroz, em 1971, que incluía a participação do desenhista Waldo González Hervé. Estes cartazes foram utilizados pelo Serviço Nacional de Saúde e pelo Conselho Nacional de Esportes e, entre 1971 e 1973, sua tiragem aumentou progressivamente de 75 mil a 250 mil exemplares (*Ibidem*).

15 SÁNCHEZ. In: *Ibidem*, p. 8.

16 GODOY. *Op. cit.*, p. 29-30. Para isso combinou questões regionalistas com elementos pictóricos e gráficos de outras fontes como, por exemplo, a fusão entre o artesanato pré-colombiano com influências da arte

O Ateliê dos Irmãos Larrea, criado em 1967 por Vicente Larrea, era composto por uma equipe da qual participaram seus irmãos Antonio e Maricruz Larrea, Luís Albornoz, Ximena del Campo, Hernán Venegas e Mário Román. Vicente Larrea foi aluno de Waldo González Hervé e Rafael Vega Querat (desenhista autodidata que possuía um ateliê), optando pelo desenho gráfico como profissão. Entre 1968 e 1973 foi professor da EAA e depois do Departamento de Desenho da UCHILE. Luís Albornoz e Ximena del Campo eram desenhistas e contribuíam nas ilustrações, na tipografia e na arte das cores dos cartazes. Antônio Larrea, fotógrafo e aluno de desenho da EAA, estimulou o uso da fotografia na composição dos cartazes introduzindo técnicas de manejo e simplificação da imagem fotográfica.[17] Na prática, os principais responsáveis pela produção gráfica do ateliê foram Vicente e Antonio Larrea e Luis Albornoz. Juntos produziram mais de trezentos cartazes de cunho político, cultural, social e comercial. Os demais ajudavam ocasionalmente.

Sobre a relação do Ateliê dos Irmãos Larrea com o governo da UP, Ximena Ortúzar destacou que os desenhistas consideravam-se de esquerda, mas como profissionais faziam trabalhos por encomenda e suas posições políticas não os impediam de aceitar pedidos de pessoas ou grupos políticos adversários. Porém, nas declarações reproduzidas pela entrevistadora observam-se algumas ressalvas: "Por ejemplo, si Onofre Jarpa [Liderança do Partido Nacional] nos encarga un afiche político no se lo haríamos, si nos pidiera que le promoviéramos publicitariamente un producto comercial, es posible que lo hiciéramos",[18] ressaltou Luis Albornoz. Em sentido similar também se manifestou Antonio Larrea: "A veces me preguntan si lo que hago tiene que ver con la política – dice Toño – Yo soy de izquierda, pero la política se la dejo a los políticos. Quiero ser libre para oponerme libremente a lo que me parezca, por eso no me meto en lo que no entiendo. Sólo me interesa el trabajo creativo y pienso que lo que hacemos es bueno...".[19] As declarações foram completadas com a menção ao reconhecimento profissional do trabalho dos desenhistas no exterior, especialmente em universidades latino-americanas e organizações operárias europeias, bem como ao seu valor de consumo, pois mesmo sendo cartazes caros, os clientes continuavam realizando encomendas no Ateliê dos Irmãos Larrea.[20]

A cronologia da produção gráfica de Vicente Larrea mostra que sua carreira se dividiu em quatro etapas. A segunda delas abarcou o período de formação e governo da

---

psicodélica e do cartaz cubano.

17 CASTILLO ESPINOZA, E. *Op. cit.*, 2004, p. 6.

18 ORTÚZAR. *Op. cit.*, p. 35.

19 *Ibidem.*

20 *Ibidem.*

UP (1968-1973) e concentrou a maior parte da sua produção.[21] Seus cartazes marcaram profundamente a visualidade da época, ao ponto de, segundo um artigo do jornal *El País*, relatar a curiosidade da adida cultural da embaixada dos EUA no Chile, Warry Smith, em relação aos trabalhos dos Larrea. Segundo a reportagem, Warry Smith visitou sucessivas vezes o ateliê do desenhista Vicente Larrea para entender o êxito da campanha gráfica do governo Salvador Allende. Ela considerava surpreendente o fato dos desenhistas se afirmarem como independentes do governo e não receberem sugestões de estilos ou conteúdos na hora de construir as mensagens.[22]

O Ateliê dos Irmãos Larrea desenvolveu assim um trabalho de propaganda política que conjugou o apoio ao projeto da UP com interesses profissionais e artísticos dos seus desenhistas. O resultado foi a produção de cartazes diversificados, alguns dirigidos à promoção da gestão do governo, outros a partidos de esquerda e a instituições e projetos sociais e culturais, de modo geral.

Nos cartazes de propaganda das realizações do govenro observamos a predominância das seguintes temáticas: nacionalização das riquezas, trabalhos voluntários, políticas voltadas à infância, entre outras. As mensagens convocavam o cidadão chileno a apoiar as propostas e realizações previstas no programa da UP e a participar da construção de uma nova sociedade.

No ponto que segue procuraremos demonstrar como os cartazes de propaganda da UP dialogaram com os expoentes da gráfica revolucionária do século XX e, ao mesmo tempo, inovaram na sua forma de representar o processo revolucionário da *experiência chilena*.

Os cartazes chilenos e a tradição da gráfica revolucionária

A produção de cartazes com fins políticos remonta à Primeira Guerra Mundial (1914-1918) e está relacionada às campanhas de alistamento. Mas foi nos primeiros

21 A primeira etapa foi a da produção de cartazes no setor de Extensão Cultural da UCHILE (1964-1968); a segunda, no período de formação e governo da UP (1968-1973), na qual se produziram capas de discos e cartazes; a terceira, quando iniciou a realização de cartazes para a publicidade comercial (1974-1990); a quarta e última, sua consolidação no campo comercial que se desenvolve até os dias de hoje através da Agência e Imprensa Larrea Desenhistas (Agencia e Imprenta Larrea Diseñadores). Esta cronologia foi adquirida a partir de dois websites que buscaram apreender a totalidade da trajetória da obra de Vicente Larrea. Disponível em: http://www.utem.cl/diseno/alumnos.htm ; http://www.educarchile.cl/ntg/docente/1556/article-76947.html.

22 GODOY, I. Disponível em: <http://www.elpais.com.uy/Suple/Cultural/06/02/10/cultural_200469.asp>.

anos após a Revolução Russa que este gênero alcançou a categoria de arte revolucionária a partir da produção de cartazes de propaganda política baseada no trabalho coletivo e experimental das vanguardas artísticas.[23]

O raísmo, o suprematismo e o construtivismo[24] foram correntes da vanguarda modernista[25] que sob o impacto da guerra e do processo revolucionário que desembocou na Revolução Russa de 1917, passaram a debater e a defender a função social e política da produção cultural da época. Nas suas criações plásticas convergiram o impacto do crescente contato com a cultura ocidental durante o período pré-revolucionário e, simultaneamente, o protagonismo dos trabalhadores na luta política. Neste caso, estimulava-se o interesse do artista pelo povo, suas tradições e sua inata capacidade criativa.[26] O construtivismo prevaleceu na Rússia pós-revolucionária até a morte de Lenin, em 1924.

As vanguardas russas relacionaram artes plásticas com tecnologias industriais na produção de cartazes políticos e o resultado foi a criação de um instrumento eficaz para a difusão ideológica que inspirou movimentos revolucionários posteriores. [27]

Na América Latina, a partir de 1960, o principal referencial de gráfica política foi Cuba. Os artistas plásticos cubanos uniram técnicas de desenho gráfico (especialmente a gráfica polonesa) às inovações da pintura e da arte contemporânea com o propósito de responder às necessidades político-culturais da revolução.[28] O objetivo era tornar o cartaz um meio de formar política e esteticamente o gosto popular, ou, como afirmou Nelson Herrera Ysla, criar um estado de convergência estética que correspondesse aos novos projetos de emancipação educacional e cultural. Dessa forma,

---

23 BARNICOAT, J. *Op. cit.*, p. 226-231.

24 O suprematismo de Malevich e o construtivismo de Tatlin, a partir de 1915, foram as duas correntes de arte avançada russa; "ambas se inserem no vasto movimento da vanguarda ideológica e revolucionária, liderada por Maiakovski e oficialmente sustentada pelo comissário para a instrução do governo de Lenin, Lunacharsky" (ARGAN, G. *A arte moderna*. São Paulo: Companhia das Letras, 2004, p. 325).

25 Dentre os mais referendados entre 1909 até meados dos anos 1920, em ordem cronológica, podemos citar cubismo, futurismo italiano, expressionismo, futurismo russo, dadaísmo e surrealismo.

26 *Ibidem*, p. 324.

27 CERQUEIRA, J. *Arte e literatura na Guerra Civil de Espanha*. Porto Alegre: Editora Zouk, 2005, p. 72.

28 Sobre as influências estéticas contemporâneas, o crítico cubano Nestor Herrera Ysla referiu-se às recorrentes incorporações de princípios da *pop art* norte-americana, da corrente psicodélica, da gráfica checa e da escola polaca. Sobretudo o cartaz polaco seduzia pela força das cores, pela dramaticidade e o fecundo substrato estético europeu que o sustentava. Dessa forma, a escola polaca ocupou lugar central na cena internacional na década de 1960 e na Polônia se sobrepôs à pintura nacional por fazer deste instrumento comunicativo um objeto de beleza ímpar, revitalizador do entorno em que se inseria (YSLA, N. H. "Una poética gráfica insular. Arte cubano". *Revista de Artes Visuales*, La Habana, maio-jun. 1996, p. 19).

a ausência de empresas publicitárias, produtores gráficos profissionais e tecnologias apropriadas para a produção de cartazes de propaganda foi superada pelo trabalho criativo dos artistas plásticos integrados nas instituições culturais governamentais.[29] A busca autoditada destes artistas resultou na qualitativa e diversificada gama de representações da revolução que, segundo diferentes críticos,[30] sobrepôs-se aos cartazes produzidos pela Comissão de Orientação Revolucionária (COR)[31] já nos primeiros anos posteriores à revolução.

Um fator fundamental para o reconhecimento dos cartazes produzidos pelos artistas cubanos foi a capacidade de comunicarem uma informação combinando os sentidos transitório (eficácia propagandista) e permanente (eficácia estética) esperados nas mensagens. Em outras palavras, realizaram o objetivo pedagógico-cultural que previa o uso das técnicas dos meios de comunicação de massa e a valorização da cultura popular[32] com o fim de estimular a participação coletiva na construção da nova sociedade e conquistar a solidariedade internacional.[33]

Os cartazes cubanos marcaram a história visual de Cuba, da América Latina e a tradição da gráfica revolucionária mundial. Desse modo, demonstraram como os efeitos do isolamento de Cuba foram mais daninhos nos campos econômico e político, do que no cultural.[34]

---

29 As instituições culturais estatais que se destacaram neste sentido foram o Instituto Cubano de Arte e Indústria Cinematográfica (ICAIC); o Conselho Nacional de Cultura (CNC); a Casa das Américas (CA) e a União de Escritores e Artistas de Cuba (UNEAC).*Ibidem*.

30 São eles: Edmundo Desnoes (1968-1969), John Barnicoat (1975), Nelson Herrera Ysla (fev. 1996) e Augusto Gonzalez; Luciano Castillo (s/data).

31 A Comissão de Orientação Revolucionária era o organismo central de divulgação e orientação do governo revolucionário.

32 A cultura popular era considerada uma contraposição à cultura de massas. A expressão cultura popular, na linha da sociologia crítica europeia, bastante influenciada pela tradição marxista, designa o conjunto de práticas sociais autogeradas pelas classes populares, como o folclore das comunidades agrárias e pré-industriais, que geralmente são perpetuadas pela tradição oral e artesanal, ou, ainda, certas práticas das subculturas urbanas tradicionais de hoje. Diferentemente, a cultura de massas nasceu ligada diretamente ao desenvolvimento dos meios de comunicação de massa e se distingue da cultura popular pelo fato de se constituir por mensagens geradas tecnologicamente nas indústrias culturais modernas e consumidas por amplas camadas sociais, mediante um investimento econômico direto ou indireto (como na televisão financiadas pela publicidade comercial) (GUBERN. *Op. cit.*, p. 21-22).

33 DESNOES, E. "Los carteles de la revolución cubana". *Casa de las Américas*, La Habana, n. 51-52, nov. 1968/fev.1969, p. 226-227; 229. Tradução da autora.

34 KUNZLE, D. "Public graphics in Cuba: a very Cuban form of internationalist art." *Latin American Perspectives*, vol. 2, nº 4, Supplement Issue. Cuba: La Revolucion en Marcha, 1975, p. 89.

Os cartazes políticos produzidos para a campanha e durante o governo da UP tiveram o aporte do referencial cubano na experimentação estética, apropriação da cultura popular e utilização das técnicas da publicidade comercial. Na década de 1960 foram abertas em Santiago lojas dedicadas exclusivamente à venda de cartazes, como a Poster-shop Village, dos artistas Patrícia Israel e Guillermo Nuñez, que comercializavam cartazes inspirados na cultura hippie da Costa Oeste dos EUA e cartazes cubanos.[35] Os cartazes tornaram-se parte da cultura juvenil, do espaço privado (salas de estar, dormitórios) e objeto de colecionadores de diferentes estratos sociais.

Na década de 1970, eventos como o Encontro de Artes Plásticas Latino Americanas, mencionado anteriormente, valorizaram a importância política e cultural do cartaz cubano no processo revolucionário de transição para o socialismo. Havia ainda a iniciativa de estabelecer parcerias entre os governos chileno e cubano, resultado da proposta de política internacional da UP que previa o intercâmbio com os países socialistas e o reconhecimento do estágio avançado da Revolução Cubana no processo de construção do socialismo na América Latina.[36]

Em março de 1971, os jornais chilenos divulgaram uma série de realizações conjuntas e a oficialização de um convênio chileno-cubano de educação, cultura e esportes pelos ministros da Educação de ambos os países.[37] A programação previa uma feira de livros de escritores cubanos com a apresentação de palestras e uma exposição conjunta de pintores cubanos e chilenos no Museu de Arte Contemporânea do Chile e na Casa das Américas em Cuba.[38] Em Cuba, programou-se também uma exposição paralela de toda

35 Segundo John Barnicoat, os cartazes cubanos alcançaram um grande valor de mercado porque diante da escassez de produtos gráficos e técnicas de reprodução, era exigida grande criatividade por parte dos artistas e, muitas vezes, se constituíram como peças únicas (BARNICOAT, *Op. cit.*, p. 250).

36 PROGRAMA DE LA UNIDAD POPULAR. *Op. cit.*, p. 45; 47.

37 O jornal do governo, *La Nación*, apresentou o enunciado de um documento preliminar que oficializou o convênio chileno-cubano. "Firman convenio chileno-cubano de educación, cultura y deporte", *La Nación, Santiago*, 4 dez. 1971.

38 A descrição das obras e dos resultados da exposição conjunta foi relatada em um artigo da revista *Casa de las Américas*. Ver MIX, Rojas; JUAN, Adelaide de. "Exposición de la Habana 1971 (Chileno-Cubana)". *Casa de las Americas*, La Habana, n. 69, p. 187-189, nov.-dez. 1971.

a gráfica cubana, incluindo as "vallas",[39] os cartazes e outras produções visuais com fins massivos.[40]

Para os artistas gráficos chilenos, o conteúdo revolucionário, o valor artístico e o reconhecimento internacional da gráfica cubana, significaram uma inspiração para o experimentalismo e a aceitação de seus trabalhos no mercado local. É importante lembrar que nas décadas de 1960 e 1970 o mercado era um fator preponderante para realização e divulgação das obras, pois suas estruturas absorviam rapidamente o impacto do "novo" e do "revolucionário". Dessa maneira, como lembrou Marcos Napolitano, o artista engajado ficava preso na situação paradoxal de buscar afirmar o caráter político da obra e se manter no circuito de consumo, em outras palavras: "Como deixar de servir ao sistema e conseguir difundir e realizar sua obra socialmente?"[41]

Os artistas gráficos chilenos, em especial Vicente Larrea, reconheceram e se inspiraram nos cartazes cubanos para produzirem a propaganda visual da UP. O contexto de polarização e pluralismo político vivido no Chile, entre 1970-1973, exigia criatividade para se inserir e competir no mercado cultural da época. Nesse sentido, o financiamento governamental e a riqueza das manifestações artístico-visuais como, por exemplo, a produção das brigadas muralistas, proporcionaram recursos fundamentais para a elaboração e a originalidade das representações da via chilena para o socialismo.

Gráfica política e BRP: a elaboração do imaginário da revolução alegre

Como dissemos anteriormente, entre 1970 e 1973, o Ateliê dos Irmãos Larrea foi responsável pela elaboração de diferentes cartazes de propaganda voltados para campanhas sociais, políticas e culturais de diferentes instituições, incluindo as do governo. Neste subcapítulo caracterizaremos os cartazes produzidos pela equipe dos Larrea para fazer propaganda do governo, consideraremos a linguagem e os símbolos peculiares presentes nas representações e que marcaram o imaginário revolucionário da experiência chilena.

---

39 Segundo o crítico chileno Ernesto Saul (1972), as "vallas" ou "carteles" foram meios de propaganda massiva da Revolução Cubana e utilizavam para fins educativos as ideias difundidas pelo movimento de *arte pop* dos anos 1950 na Inglaterra. Porém, diferentemente dos cartazes, tinham o porte de murais (mas pareciam mais com um outdoor) e eram expostas em estradas ao longo do país portando mensagens que variavam entre a propaganda das mudanças revolucionárias e críticas aos Estados Unidos. SAÚL. *Op. cit.*, p. 43-44.

40 *La Ultima Hora*, Desarrollaremos vasto plan de intercambio con Chile, *Santiago*, 22 mar. 1971.

41 NAPOLITANO, M. "Arte e revolução: entre o artesanato dos sonhos e a engenharia das almas (1917-1968)". *Revista de Sociologia e Política*. Curitiba, nº. 8, 1997, p. 17-18.

As imagens a seguir sintetizam os traços mais característicos da propaganda oficial. Observemo-os:

Figura 10. Cartaz "La felicidad de Chile comienza por los niños". Autoria: Vicente e Antonio Larrea e Luís Albornoz 1971. 525 x 768 mm (offset). ESPINOZA. *Op. cit.*, 2004, p. 62..

Figura 11. Cartaz "Cobre Chileno". Autoria: Vicente e Antonio Larrea e Luis Albornoz, 1972. 765x1100 mm (offset). *Op. cit.*, Espinoza, 2004, p. 24.

O cartaz intitulado "La felicidad de Chile comienza por los niños" (fi g. 10) foi elaborado para o "Comité Nacional de Navidad" (Comitê Nacional de Natal). Trata-se de um dos cartazes mais conhecidos e referendados como marca da memória visual daqueles anos.[42] Nele observamos as ilustrações de conteúdo mais "ingênuo" que, segundo Mauricio

42 Cartazes com a temática da infância, da comemoração pela nacionalização do cobre e dos trabalhos vo-

Vico e Mario Osses, tornaram-se uma das expressões clássicas do imaginário revolucionário da *experiência chilena*.[43]

Para tratar da temática da infância (fig. 10), o ilustrador Luis Albornoz recorreu ao desenho simples com um colorido intenso e símbolos que expressavam a preocupação do governo da UP com a infância. Na imagem observamos quatro crianças (três meninos e uma menina) com expressões alegres, brincando em um jardim florido. No centro da imagem está um menino com os braços erguidos levantando a bandeira nacional chilena na mão direita, e ao seu lado esquerdo aparece uma menina que carrega uma boneca no braço direito e levanta uma flor com a mão esquerda. Há outras duas crianças, uma que está mais à frente, levando uma bola com as cores da bandeira nacional, e a outra, ao lado direito do menino do centro da imagem, que corre empinando uma pipa. Nesta imagem destacamos três símbolos: a criança, a bandeira e a flor.

A criança representa o futuro, porém um futuro baseado na "simplicidade natural", na "espontaneidade" que pode indicar "uma vitória sobre a complexidade e a ansiedade, e a conquista da paz interior", da "autoconfiança".[44] A flor, outro símbolo recorrente nos cartazes dos Larrea, identifica-se diretamente com o sentido primordial, harmônico e puro expresso no simbolismo da infância.[45] A maneira como as crianças aparecem dispostas na imagem sugere ainda a representação de uma família: menino no centro com a bandeira corresponderia ao pai; menina do seu lado esquerdo com a boneca e a flor, representando a mãe; os outros meninos, alegres e brincando, seriam filhos.

O menino-pai sorrindo e carregando a bandeira nacional traz a representação do "homem novo". A menina-mãe erguendo a flor incorpora a ideia de um processo político seguro, pacífico, capaz de gerar uma sociedade harmônica e feliz. As outras duas crianças aparecem como signos de uma infância saudável. Para completar a representação, a frase "A felicidade do Chile começa pelas crianças" indica confiança no futuro de uma nova ge-

---

luntários de verão foram reproduzidos em publicações de documentos e livros que analisaram a experiência chilena. No caso desta pesquisa, além dos livros que trataram da questão das artes gráficas no Chile, encontramos estes cartazes ilustrando cada parte do programa da UP, em sua reedição de 2003, na cronologia dos três anos de governo da UP elaborada pelo jornalista chileno Manuel Salazar, e no livro do ex-secretário-geral do PC Luís Corvalán Lepez. Outras produções recentes que reforçaram a importância destes cartazes de propaganda e das brigadas muralistas como participantes da memória visual da experiência chilena foram filmes como *Machuca*, lançado em 2005, do diretor Andrés Wood, e *Salvador Allende*, do mesmo ano, dirigido por Patrício Guzmán.

43 VICO, M.; OSSES, M. *Op. cit.* p. 112.

44 Verbete: criança In: CHEVALIER, J.; GHEERBRANT. *Op. cit.*, p. 302.

45 Verbete: flor. In: *Ibidem*, p. 437.

ração. O fato de todos os personagens juntos remeterem a uma família reforça a intenção do governo de representar segmentos sociais mais amplos (camadas médias, mulheres, jovens) que não se identificavam, necessariamente, com as lutas dos operários ou trabalhadores no sentido em que ficaram estigmatizadas em movimentos revolucionários como a Revolução Russa de 1917 ou a Revolução Cubana.

A forma frontal de disposição das imagens – olhar fixo das crianças em relação ao espectador e a segurança com que empunham os símbolos nacional (bandeira) e revolucionário/via pacífica (flor) – expressa, segundo Ebe Bellange, uma tentativa de marcar, através da imagem, uma atitude de segurança, de audácia, de franqueza. Segundo a autora, esta impressão iconográfica, junto com a noção de lateralidade – que marca um movimento de translação – representou uma característica central do muralismo produzido no Chile entre 1970-1973,[46] que podemos observar também nos cartazes.

A temática da infância foi pertimente para um cartaz de divulgação das festas natalinas. Sobre a programação de Natal do ano de 1971 a revista *Onda*, no artigo intitulado "El mejor regalo: la organización" ("O melhor presente: a organização"), relatou que nos últimos meses do ano centros juvenis, juntas de vizinhos e os Centros de Mães organizaram atividades coletivas com o objetivo de integrar as comunidades de cada bairro na programação. O objetivo era aproveitar o "espírito natalino" e dar um sentido coletivo aos preparativos das festas através da realização de tarefas que melhorassem as condições de vida em bairros de periferia como, por exemplo, a reforma de áreas de lazer. Nesta perspectiva, o modelo de ação social presente na organização da festa natalina para crianças realizada no Centro Cultural do bairro La Granja, de Santiago, visava a integração da comunidade e a responsabilidade coletiva na formação das crianças no sentido de um futuro seguro e feliz. Nas festas natalinas participaram artistas e foram distribuídos doces e brinquedos. De acordo com a revista, essas ações faziam com que as pessoas saíssem de suas casas e confraternizassem, não só através do trabalho, mas também através da ceia que, até então, se restringia ao ambiente privado das famílias.[47] As crianças do cartaz representavam, assim, a nova sociedade que nascia da consciência da necessidade de uma ação coletiva, garantia de um futuro melhor.

A propaganda visual das campanhas natalinas promovidas pela UP estava de acordo com a proposta de atividades do governo para o ano de 1971, eleito como ano escolar. Tal temática, inaugurada com o discurso de Salvador Allende intitulado "El niño, único privilegiado" ("A criança, única privilegiada"), marcou o início de uma campanha educacional

---

46 BELLANGE, E. *Op. cit.*, p. 43.

47 "El mejor regalo: la organización". *Revista Onda*, Santiago, n. 8, 24 dez 1971, p. 67.

em todas as frentes na qual o presidente declarou: "toda a sociedade deve ser uma escola, e a escola deve ser parte integrante desta grande escola que deve ser a sociedade".[48] Para a criança que, nesta perspectiva, era o alvo principal e o fim da política educacional, deveriam ser realizadas ações de combate à desnutrição infantil, melhoria do ensino básico e assistência médica para crianças e mães de baixa renda. O objetivo era satisfazer suas necessidades básicas – fisiológicas e intelectuais – para que elas tivessem condições de desenvolver suas capacidades, intelectuais e criativas, e garantissem a futura sociedade socialista. A inclusão das políticas voltadas à infância como prioritárias estava prevista no programa básico da UP que, entre as primeiras quarenta medidas, estabeleceu quatro destinadas às crianças.[49] A medida que previa a distribuição de meio litro de leite para as crianças carentes para combater a desnutrição infantil foi iniciada logo nos primeiros meses de governo da UP.

O cartaz intitulado "Cobre Chileno" (fig. 11) foi produzido para a comemoração do 11 de julho, dia da Dignidade Nacional, nome dado por Salvador Allende à data da nacionalização das mineradoras de cobre.[50] O cartaz resume o significado atribuído ao ato de nacionalização do cobre da seguinte maneira: "COBRE CHILENO tu és pátria, pampa e povo. Areia, argila, escola, casa, ressurreição, punho, ofensiva, ordem, desfile, ataque, trigo, luta, grandeza, resistência".[51]

Na base da imagem iconográfica observamos barras de cobre sustentando um grupo de pessoas que representam a sociedade chilena na sua heterogeneidade étnica e profissional. São crianças, idosos, jovens e adultos, homens e mulheres, mães e indígenas. Exceto as crianças, algumas mulheres jovens e a indígena, todos representam alguma profissão. Da esquerda para a direita e de baixo para cima podemos observar: a artesã/folclorista, a professora, o vendedor ambulante, o pescador, o fotógrafo, o policial, o profissional liberal, o padre, o agricultor, o médico, o operário.

A disposição das pessoas e a inclusão de animais domésticos no desenho remetem a um retrato de família. É a família chilena, cuja base de sustentação é o principal produto da economia nacional: o cobre. A metáfora da imagem associada ao texto engran-

---

48 Tradução da autora. Cf. QUIROGA. *Op. cit.*, p. 244.

49 As medidas direcionadas à infância eram estas: "13. A criança nasce para ser feliz. Daremos matrícula e materiais escolares gratuitos para toda criança do ensino básico; 14. Melhor alimentação para as crianças. Daremos café da manhã a todos os alunos do ensino básico e almoço àqueles que os pais não podem proporcionar; 15. Leite para todas as crianças do Chile. Asseguraremos meio litro de leite para todas as crianças do Chile; 16. Atendimento médico para mães e crianças nos bairros de periferia". (Tradução da autora). PROGRAMA DE LA UNIDAD POPULAR, Op. cit., p. 52.

50 QUIROGA. *Op.cit.*

51 Tradução da autora.

dece o acontecimento da nacionalização do cobre. A realização deste feito beneficiaria a todos e garantiria a construção da nova sociedade representada pela criança segurando a bandeira nacional no topo da imagem. Ao retomar a soberania sobre a principal riqueza do país, o governo confirmava o propósito de melhorar as condições de vida do conjunto da sociedade chilena: com o lucro do cobre seria possível beneficiar os trabalhadores de norte a sul do país garantindo a prosperidade. A nacionalização do cobre foi o feito jurídico e econômico mais importante do governo da UP, não apenas porque foi aprovado pelo congresso nacional com um grande consenso político, mas porque significou que o país tomava posse e domínio de seu principal recurso natural. Através dessa realização o governo ampliou suas expectativas relacionadas à possibilidade de realizar as mudanças sem recorrer à luta armada, ou seja, atestou a viabilidade da via pacífica e das formas de luta que a ela correspondiam para a transição ao socialismo no Chile.

O primeiro cartaz enfatizou o futuro associado à infância. O segundo expressou os ganhos políticos que a nacionalização do cobre representaria para os diferentes segmentos sociais que a UP visava representar. Os dois cartazes convergem na representação positiva, alegre e harmônica do processo de luta no Chile, associando-o à família e sintetizado nas cores planas destacadas pelo contorno em preto e, recorrentemente, adornado com as flores.

Eduardo Castillo ressaltou que, apesar das influências de algumas tradições gráficas,[52] os trabalhos do Ateliê dos Irmãos Larrea realizavam uma produção artesanal caracterizada pela escrita/desenho manual, orientada por esboços e tendo uma finalização com contornos irregulares e traços grossos. Esta última característica foi um importante diferencial da gráfica chilena produzida entre 1970 e 1973 e que a aproximou do muralismo das BRP.

Porém a relação com a propaganda das brigadas muralistas implicou em outras conexões que analisaremos a partir da imagem a seguir:

52 Em termos tipográficos os cartazes do Ateliê dos Irmãos Larrea combinaram influências da gráfica hippie, da gráfica polaca, da gráfica cubana e, em particular, do trabalho do ilustrador judio-lituano Ben Shahn, que nos EUA liderou a corrente de artistas gráficos chamada de Realismo Social. Sobre as influências estéticas dos cartazes, ver Alejandro Godoy (1992), Eduardo Castillo (2004) e Pedro Alvarez (2004).

Figura 12. Capa do disco Canto al Programa. Autoria: Vicente e Antonio Larrea e Luís Albornoz. Fonte: Salazar (2003, p. 377).

Figura: 13. Fragmentos do mural "Libertad para los presos políticos en Paraguay." Autoria: BRP. Disponível em: <http://www.abacq.net/imagineria/exp28.htm>

A figura 12 é uma reprodução da capa do disco chamado *Canto al Programa*, gravado pelo grupo Inti-Illimani (integrante do movimento musical da Nova Canção Chilena) na forma de uma cantata para ilustrar o programa da UP e acompanhar os comícios.[53] A imagem que ilustra a capa do disco é a reprodução de uma marca iconográfica característica dos murais das BRP, como é possível observar no mural apresentado logo em seguida (fig. 13). A mulher carregando carinhosamente a criança, ambas envoltas por folhas e flores e acompanhadas da pomba-bandeira, sintetizam a maneira como as BRP representavam a "nova sociedade". A relação entre a imagem feminina, a natureza e a maternidade, cria representações alegóricas do processo de gestação (mulher) da nova sociedade (criança) de forma segura (mãe-criança), harmônica (natureza/flores) e pacífica (pomba-bandeira).

A capa do disco *Canto ao Programa* foi um dos diferentes trabalhos que o Ateliê dos Irmãos Larrea realizou para a DICAP e, sendo assim, sugere uma dupla interpretação: por um lado, atesta a receptividade da sua produção visual entre os partidos de esquerda; por outro, demonstra a disponibilidade dos artistas para captar e incorporar marcas da visualidade da esquerda chilena da época. Nesse sentido, cabe ainda destacar que a capa do disco *Canto ao Programa* suscitou uma iniciativa de formalizar o diálogo entre o Ateliê dos Irmãos Larrea e as BRP. Observemos o fragmento a seguir:

Figura 14. Reprodução do mural abordando a temática da infância. Autoria: BRP. Produzido no Chile, em 1972. Localização indefinida. Fonte: Eduardo Carrasco (2004, p. 51).

No fragmento acima (fig. 14) as BRP abordaram a temática da infância baseadas no cartaz criado pelo Ateliê dos Irmãos Larrea para as campanhas de 1971. Através da combinação da frase "Los niños nacen para ser felices" ("As crianças nascem para serem felizes") e da imagem das crianças, os militantes das BRP reiteraram a mensagem de harmonia e o otimismo da propaganda oficial veiculada nos cartazes.

Diferentes autores analisaram as iniciativas e trocas culturais entre as BRP e o Ateliê dos Irmãos Larrea. Eduardo Castillo relata a iniciativa dos Irmãos Larrea de

53 SILVA, E. P. *A Nova Canção Chilena: um encontro entre arte e política.* Relatório – FFLCH – Universidade de São Paulo, São Paulo, 2003, p. 15.

estabelecer relações profissionais com as BRP no segundo semestre de 1971. Houve uma reunião com os organizadores das brigadas das JJCC na qual propuseram um projeto que consistia em reproduzir sobre os muros chilenos as mensagens dos cartazes. Porém Alejandro González recusou a proposta alegando a dificuldade de impor às brigadas de todo o território nacional a reprodução de uma visualidade tão elaborada como a produzida pela gráfica dos Larrea. Além disso, lembrou as condições precárias em que, na maior parte das vezes, as brigadas realizavam seus trabalhos.[54]

No entanto, a parceria que não se efetivou formalmente a partir de uma ação orientada entre artistas gráficos e BRP, aconteceu indiretamente ao compartilharem recursos estilísticos, representações e símbolos, conforme relatamos acima. A amarração da totalidade dos murais das brigadas e dos desenhos dos cartazes com traços espessos e o contorno em preto constitui a ligação mais característica entre essas propagandas.[55] Mauricio Vico e Mario Osses destacaram as formas fechadas, o alto contraste, as cores planas, os contornos irregulares e o traçado manual das tipografias. Traços responsáveis pelo alto valor comunicativo da propaganda visual da UP.[56] O resultado iconográfico dessa troca os autores descreveram da seguinte forma:

> En su evolución, el muralismo político callejero y el cartel llegaron a constituirse como una imagen de autenticidad representada a través de lenguajes más cercanos al surrealismo y el uso simbólico de los referentes (paloma, bandera, manos empuñadas, estrella, cordillera, copihue, banda presidencial, guitarras, etc.), que es finalmente lo que dio cuerpo y sustancia visual a las propuestas que sembraron a lo largo del territorio nacional tanto las brigadas muralistas como los carteles.[57]

Para os autores, além dos traços estilísticos, o que levou brigadistas e artistas gráficos a compartilharem imagens, símbolos e experiências foi o interesse social e político de criar a identificação entre o proletariado e os ideais utópicos do socialismo. O resultado teria sido a

---

54 CASTILLO ESPINOZA, E. *Op. cit.*, 2004.

55 Pautado em declarações de Vicente Larrea, Eduardo Castillo Espinoza lembrou que a sobreposição do preto às cores planas era utilizada para evitar frequentes decalques da composição, valorizar o traço do desenho e dar efeito de volume. Técnica característica do desenho comercial da primeira metade do século XX (*Ibidem.*, p. 7).

56 VICO; OSSES,.*Op. cit.*, p. 114 e 127.

57 *Ibidem*, p. 126

constituição de um imaginário que vinculou o discurso político da Unidade Popular com uma iconografía que traduzia esse discurso em uma mensagem visual.[58]

Os cartazes da propaganda oficial da UP combinaram linguagens e representações que estabeleceram um imaginário diferenciado daqueles que caracterizaram gráficas revolucionárias como a da Revolução Cubana. Abdicou-se das representações de trabalhadores, jovens, mulheres sacrificando-se na guerrilha ou no trabalho; não houve qualquer representação realista, abstrata ou alegórica que remetesse à dor ou sofrimento durante o processo de mudança política. Ao contrário, os cartazes da UP apresentaram trabalhadores, estudantes, mulheres e crianças alegres, dispostos, atuantes de forma coletiva e harmônica. O trabalho dos Larrea realizou o objetivo de colocar algo positivo nas imagens de propaganda, daí a recorrente presença de flores nas composições.[59]

A vivacidade das cores, o movimento, a diversidade dos símbolos dos murais das BRP utilizados para representar processos coletivos contínuos, coincidiam com o propósito dos cartazes. A troca entre artistas gráficos e brigadistas foi então possível porque a propaganda oficial produzida pelos Larrea também teve como pressuposto a elaboração de mensagens de natureza pacífica. Os mecanismos de difusão ideológico-cultural criados pelo governo e pelo PC contribuíram para a projeção do trabalho dos Larrea, mas não foram os únicos responsáveis pelo seu reconhecimento sociocultural. Cabe observar que a produção de mensagens coerentes com a política do governo supria necessidades profissionais dos artistas gráficos frente ao mercado cultural. Porém, quando a encomenda provinha de organizações ou sujeitos de esquerda sem vínculo com o governo, mensagens críticas à via pacífica foram veiculadas em cartazes produzidos pelo Ateliê.

Vemos nessa postura supostamente contraditória dos artistas gráficos a coerência com o caráter profissional da sua atividade, a confirmação da liberdade de criação e a constatação do pluralismo político que caracterizou o governo da UP. O Ateliê dos Irmãos Larrea era uma empresa que buscava se legitimar em diferentes frentes para consolidar o reconhecimento artístico e comercial das suas produções gráficas em um contexto em que a indústria cultural se desenvolvia plenamente no Chile.

Mas esta ênfase no profissional e na questão mercadológica pode ser relativizada se considerarmos que, naquele período de extrema polarização, aceitar um encargo do Estado e criar representações coerentes com a defesa do socialismo e da via pacífica, por si só, significava uma identificação política.

---

58 *Ibidem*.

59 ORTÚZAR, X. Vicho, Toño y Lucho... *Op. cit.*

Capítulo 4

A experiência chilena em sua propaganda visual

A quarta parte da análise visa resgatar a maneira como as imagens de propaganda dos cartazes e murais atuaram na divulgação, promoção e defesa do projeto de transição para o socialismo no Chile. O capítulo é composto por recortes temáticos definidos a partir das representações e dos símbolos mais recorrente nas imagens, tendo em vista o objetivo de demarcar consensos e divergências em torno da proposta de transição ao socialismo pela via pacífica e de caracterizar o pluralismo político que marcou esse processo. Em outras palavras, as fontes visuais apresentadas levaram em conta que a propaganda política relacionada ao imaginário socialista expressou tensões entre os partidos e organizações que apoiaram o governo de Salvador Allende.

O ponto de partida será a abordagem das imagens de propaganda do período eleitoral, quando as brigadas muralistas se reestruturavam e os cartazes eram produzidos, principalmente, por organizações juvenis e partidos de esquerda. Em seguida, passamos a tratar dos três anos do governo e da maneira como as imagens identificaram os *agentes revolucionários, os inimigos a combater* e as *armas* a serem utilizadas na luta político-ideológica. Estabelecemos uma divisão cronológica entre as imagens do período da campanha eleitoral e as produzidas posteriormente com o objetivo de demonstrar as transformações na propaganda política visual nas diferentes fases do processo político.

Uma segunda divisão que caracteriza este capítulo diz respeito à separação entre mural e cartaz e leva em conta a natureza intrinsecamente político-partidária do primeiro e a natureza profissional e oficial do segundo. Porém, ao final de cada parte, unificamos a análise a partir da comparação da abordagem dos temas nos diferentes suportes comunicacionais.

As representações do poder durante a campanha presidencial: um governo popular e um programa para os trabalhadores chilenos

De maneira geral, os murais e os cartazes do período de campanha eleitoral da UP apresentaram alguns traços comuns: mensagens diretas; recorrente recurso à relação imagem/texto para ampliar seu didatismo; estética simples; e heterogeneidade. Houve certa dificuldade para datar os murais produzidos durante a campanha eleitoral, por essa razão, optamos por analisar apenas as mensagens cujos registros apresentaram o ano de sua elaboração.

Os murais da campanha eleitoral

Figura 15. Autoria: Mural pintado pela brigada muralista "Venceremos" coordenada por Boris Rivera (BR). Sua localização não é conhecida. Fonte: Disponível em: <http://www.abacq.net/imagineria>.

Segundo o informativo da BRP publicado em 1971,[1] o mural acima foi pintado em 1970, durante a campanha eleitoral e fez parte de uma série de mensagens visuais elaboradas por brigadas dirigidas pelas JJCC. O objetivo teria sido difundir os slogans da UP e as primeiras 40 medidas do governo, conforme estava previsto no programa. "Venceremos" foi o tema de diferentes manifestações de grupos e organizações políticas e culturais que se envolveram na campanha eleitoral a partir de 1969. Dentre elas destacou-se a música "Venceremos" considerada hino da campanha da UP.[2]

Na imagem (fig.15), a palavra escrita com grandes letras coloridas em verde, amarelo, azul e preto expressou uma afirmação impositiva, no plural que, associada a sua apresentação monumental, frontal e no espaço público, intensificou a representação da

1 BRIGADA RAMONA PARRA (Chile). *Op. cit.*

2 "Venceremos". Canção de Claudio Iturra e Sergio Ortega, gravada pelo grupo Quilapayún.

certeza da vitória eleitoral de Salvador Allende. O significado político e ideológico do programa da UP foi sintetizado na mensagem por meio da representação de um operário com sua ferramenta de trabalho, lado a lado com o candidato Salvador Allende, localizados atrás da palavra "Venceremos" e na frente de uma fábrica. A relação entre os elementos ressaltados enfatizava a ideia de que a vitória de Salvador Allende significava a chegada dos trabalhadores chilenos ao poder.[3]

O programa da UP partiu da concepção de que a vitória de Salvador Allende seria sinônimo de um governo de todos os trabalhadores chilenos. Tal pressuposto foi reiterado intensamente por Salvador Allende, por representantes dos partidos governistas e nas distintas mobilizações sociais, até setembro de 1973. Neste sentido, o ponto que abre o programa da UP afirmou:

> As transformações revolucionárias que o país necessita somente poderão ser realizadas se o povo chileno tomar em suas mãos o poder e o exercer real e efetivamente. (...). As forças populares e revolucionárias não se uniram para lutar pela simples substituição de um Presidente da República por outro, nem para trocar um partido por outro no Governo, mas para levar a cabo as mudanças de fundo que a situação nacional exige sobre as bases de transferência do poder, dos antigos grupos dominantes aos trabalhadores, aos camponeses e setores progressistas das camadas médias da cidade e do campo.[4]

A conquista da instância máxima do poder institucional pela UP era entendida como a expressão do aprofundamento da democracia chilena e destinaria ao novo governo uma dupla tarefa política: preservar e ampliar os direitos dos trabalhadores e transformar as instituições existentes para proporcionar mais espaços de participação aos trabalhadores e à população em geral, nas instituições estatais.

---

3 Carlos Leon afirma que na relação entre imagens e textos no muralismo das brigadas, o texto assumiu a função de focalizar e ampliar o conjunto de elementos distintos e de valores presentes nas imagens e símbolos figurativos que consituíam as obras. Desta forma, a semântica pictórica do muralismo centrava-se na totalidade e não no detalhe da composição. A união de imagens iconográficas, símbolos e textos foram um traço característico do muralismo brigadista chileno. A relação texto/imagem tinha o objetivo de unir o emissor a um receptor para mostrar-lhe uma realidade e uma ideologia particulares através de símbolos e representações variadas e polissêmicas que, geralmente, completavam-se com um texto. A relação entre imagem e texto criava um efeito de redundância que assegurava a compreensão adequada da estrutura semântica. O texto utilizado dessa maneira duplica a mensagem icônica e estabelece a sensação de uma convicção (LEON, *Op. cit.*, p. 113-116). Ver também Patrício Rodríguez-Plaza (2002).

4 Trecho traduzido pela autora. (PROGRAMA DE LA UNIDAD POPULAR, *Op. cit.*, p. 23).

Um segundo grupo de registros fotográficos dos murais produzidos por brigadas durante a campanha da UP demarcou a heterogeneidade de representações sobre aspectos fundamentais do programa de governo de Salvador Allende. Observemos esse conjunto de imagens:

Fig. 16a

Fig. 16b

Fig. 16c

Fig. 16d

Fig. 16e

Fig. 16f

Fig. 16g

Fig. 16h

Fig. 16i

Fig. 16j

Fig. 16k

Figura 16. Fragmentos do mural pintado nos muros do hospital Barros Luco. Santiago, 1970. Autoria indefinida
Fonte: Disponível em: <http://www.abacq.net/imagineria/htm>.

Os treze fragmentos de murais apresentados foram produzidos durante a campanha eleitoral e decoraram os muros exteriores do hospital *Barros Luco*, localizado na *Gran Avenida*, uma importante via que corta a região central da capital Santiago. Não foi possível definir com precisão a autoria dos diversos fragmentos, ainda que seja possível inferir que alguns deles (figs. 16d e 16i) apresentam composições idênticas às reproduções publicadas por Eduardo Carrasco sobre os trabalhos da BRP.[5]

5 CARRASCO. *Op. cit.*

A diversidade de formas e estilos observadas nas composições sugerem que as pinturas nos muros do hospital Barros Luco foram realizadas por brigadas muralistas heterogêneas e sem uma orientação estética rígida.[6]

Fig. 16a

O primeiro fragmento (16a), que leva o texto "El pueblo sigue siendo explotado a pesar de la independência" (O povo continua sendo explorado apesar da independência), sintetiza os pressupostos político-ideológicos do projeto revolucionário de transição ao socialismo conforme foram apresentados no programa da UP. Para compreendê-los, é necessário relacionar a frase com a mensagem iconográfica. Esta pode ser dividida em três partes. Começando pela esquerda, observa-se a representação de operários executando um trabalho braçal num ambiente subterrâneo (levam capacetes com luzes) que remete aos mineiros que trabalham nas jazidas de extração de cobre no Chile. A elaboração de figuras humanas na cor preta, como se fossem sombras, e a luminosidade gerada pela cor avermelhada do fundo proporciona a sensação de calor e abafamento, próprias do ambiente de trabalho nas minas de cobre.

O trecho seguinte indica o destino da riqueza produzida pelo trabalho dos mineiros: o cobre extraído se transforma em moedas de ouro armazenadas por dois homens gordos vestidos como o Tio Sam (cartola, paletó e camisa de colarinho branco, gravata borboleta, calça listrada e sapatos brancos), um dos principais símbolos do capitalismo. O contraste entre o fundo preto e os tons claros e frios das vestimentas dos capitalistas expressa uma sensação de arejamento e tranqüilidade, condizente com a ideia de um enriquecimento fácil à custa do sacrifício e da exploração alheia (operários interpretados anteriormente). Essa primeira parte do fragmento coloca em evidência a exploração das riquezas nacionais chilenas pelas empresas estrangeiras, em particular, pelas estadunidenses.

A mensagem textual/pictórica se completa no trecho seguinte onde consta a representação de um confronto entre cavaleiros, em que um deles empunha a bandeira nacio-

6 Sobre a ordem dos fragmentos, cabe ressaltar que a primeira imagem (fig. 16a) e a última (16k) foram apresentadas separadamente no *website* de Fernando Orellana.

nal chilena. Mais à direita do observador, aparecem outros dois cavaleiros correndo com as armas erguidas, como se estivessem deslocando-se na direção do confronto representado à esquerda. O sentido dessa parte se esclarece com a imagem de Manuel Rodríguez, considerado um herói das guerras pela independência do Chile contra o domínio espanhol, localizado entre as representações dos cavaleiros e elaborado em primeiro plano.[7] Trata-se assim de uma referência à principal luta pela libertação nacional vivida no país.

Desse modo, analisado na sua totalidade, o fragmento (16a) retoma o tema da necessidade de uma nova libertação nacional, então ligada à suspensão da exploração do cobre por empresas estadunidenses.[8] A relação estabelecida entre texto e imagem repro-

---

7 Manuel Rodríguez, junto com Bernardo O'Higgins fez parte do grupo de líderes das guerras de independência que se colocaram sob o comando do General San Martín na Argentina e organizaram as incursões ao território chileno que, sob a liderança de Manuel Rodríguez, culminaram na vitória sobre os espanhóis em 1818 (SADER, E. Chile (1818 -1990). Da independência à redemocratização. São Paulo: Brasiliense, 1991, p. 16). A análise dos documentos da época demonstra recorrentes menções a Manuel Rodríguez. Dentre eles destacaram-se os apontamentos históricos sobre a FJS. José Díaz e Jorge Valle relatam a formação do "Contingente Manuel Rodríguez", uma organização que visava recrutar jovens dispostos a participar da campanha eleitoral de 1963/1964. Os autores explicam que o nome da organização representava o reconhecimento, por parte das JS, da importância da generosidade, abnegação, consciência de luta e amor pelas causas justas, coragem e convencimento da necessidade de ganhar para o Chile a segunda independência. (DÍAZ e VALLE, *Op. cit.*, p. 45). Outras duas referências foram o poema "Canto a Manuel Rodríguez" de Pablo Neruda e o acampamento de trabalhadores rurais localizado próximo a Puerto Montt, ao sul do Chile, que se chamava Manuel Rodríguez. Depois do golpe militar de 1973, os militantes comunistas, que atuaram na resistência clandestina à ditadura de Pinochet e aderiram à luta armada, também homenagearam Manuel Rodríguez quando formaram a Força Patriótica Manuel Rodríguez (FPMR). Sobre esta etapa da militância política dos comunistas chilenos vale consultar: ÁLVAREZ, Rolando. Desde las sombras. Una historia de la clandestinidad comunista. (1973-1980). Santiago: LOM, 2003.

8 Quando Salvador Allende chegou ao executivo estava em vigência o programa de "chilenização do cobre" iniciado no governo de Eduardo Frei. Na prática, essa medida resultou de pressões políticas internas e de um acordo com Estados Unidos a respeito da divisão da exploração dos minérios chilenos entre as empresas locais e as multinacionais. O pacto determinou que o governo se tornava detentor de 51% do capital gerado por todas as mineradoras. Em contrapartida, as multinacionais foram indenizadas e receberam vantagens tributárias e alfandegárias. A proposta da UP previa um aprofundamento desse processo, ou seja, a nacionalização integral dos recursos minerais, especialmente da produção das principais minas de cobre (Chuquicamata, Salvador e El Teniente) que continuavam com a participação de importantes empresas norte-americanas. Sobre o processo de nacionalização do cobre realizado durante o governo da UP recomendam-se as seguintes leituras: ARQUIVOS SALVADOR ALLENDE. 1971. Decreto sobre Indemnizacion del Cobre. Disponível em: http://www.salvador-llende.cl/Unidad_Popular/Decreto%20sobre%20indemnizacion.pdf. Acessado em: 01/2012 BITAR, S. 1980. Transição, Socialismo e Democracia: Chile com Allende. Rio de Janeiro, Paz e Terra, 428 p . Negri, Camilo. As dificuldades de implementação da Via Chilena ao Socialismo: análise do impacto de três propostas econômicas. Historia Unisinos, Vol. 16 Nº 1 - janeiro/abril de 2012 p. -68

duziu simbolicamente o diagnóstico apresentado na introdução do programa da UP que apontava a exploração econômica do país pelos Estados Unidos, com o aval das oligarquias nacionais, como o fator responsável pela sua situação de subdesenvolvimento social, político e econômico. Em outras palavras, colocava-se em pauta a necessidade de se conquistar uma segunda independência baseada na luta contra a continuidade do sistema econômico capitalista no Chile, conforme previa o programa da UP.

Fig. 16b

No fragmento seguinte (fig. 16b) o tema central é novamente a exploração do cobre. Sob a frase "... El cobre para los chilenos", as brigadas muralistas representaram o trabalho de extração e o transporte do cobre no interior de uma mineradora a céu aberto por meio de uma figuração simples e direta. Trata-se de uma provável referência à mineradora *El Teniente*, uma das mais importantes do país.

Em 1970, o Chile era um dos maiores produtores de cobre do mundo, portanto este minério significava uma das principais fontes de riqueza nacional. Na ilustração, a relação entre a frase e a imagem propôs o aprofundamento do significado da mensagem: mais do que reiterar a importância econômica do cobre para o país, lembra que os chilenos deveriam retomar o domínio sobre a exploração econômica desse produto.

Nacionalizar o cobre era uma das principais metas do projeto de desenvolvimento econômico da UP. Seu programa previa a substituição da estrutura econômica vigente e a realização de medidas que acabassem com o poder do capital monopolista nacional e estrangeiro e do latifúndio sobre as riquezas nacionais. A proposta central, neste sentido, foi a criação de uma Área de Propriedade Social (APS) formada por empresas do Estado e as que seriam expropriadas pelo governo. No campo polêmico das expropriações, a nacionalização das riquezas básicas (cobre, o ferro e o salitre), que estavam em poder de capitais estrangeiros e de monopólios internos, foi colocada como meta prioritária.[9] Na propaganda visual analisada o tema da nacionalização do cobre apareceu recorrentemente associado à ideia de resgate da soberania e da dignidade nacional chilena.

Fig. 16c

A imagem seguinte (fig. 16c) dialogou com a frase "... y nace el hombre nuevo". A imagem foi elaborada com traços geométricos e estabelece uma associação entre a bandeira nacional chilena, localizada como pano de fundo, e quatro figuras humanas realizando gestos comemorativos. Um homem e uma mulher aparecem com os braços entrelaçados, enquanto um mais à esquerda do observador levanta uma ferramenta de trabalho e outro, no centro da imagem, ergue uma arma de fogo. Por se tratar de uma fotografia em preto e branco, não é possível inferir significados relacionados às cores utilizadas na representação.

O propósito de formação de um homem novo, conforme foi apresentado anteriormente, traduz a expectativa final do processo de transição ao socialismo no Chile. Na imagem acima, essa ideia aparece associada ao resultado da batalha eleitoral e incorpora, inclusive, as principais contradições da esquerda chilena. A representação de um homem ostentando uma arma de fogo colocou em evidência o elemento contraditório da representação: a apologia à luta armada, mesmo quando a estratégia adotada oficialmente pela UP era a via pacífica. No entanto, se observada na sua totalidade, o homem com a arma se insere no ambiente festivo, comemorativo, de modo que se pode inferir a

9 As atividades que integrariam a APS, segundo o programa da UP, seriam: a grande mineradora de cobre, salitre, iodo, ferro e carvão mineral; o sistema financeiro, especialmente os bancos privados e as seguradoras; o comércio exterior; as grandes empresas e monopólios de distribuição; os monopólios industriais estratégicos; e atividades como a produção e distribuição de energia elétrica, o transporte ferroviário, aéreo e marítimo, as comunicações, a produção, refinação e distribuição do petróleo e seus derivados. PROGRAMA DE LA UNIDAD POPULAR, *Op. cit.*, p. 33-32.

interpretação de que o *homem novo* seria o resultado de todos os grupos e tendências de esquerda dispostos a lutar pela construção do socialismo no Chile, independentemente da estratégia de luta que defendiam.

Fig. 16d

A frase "... y habrá trabajo para todos" (fig. 16d) enfatiza a perspectiva de um futuro promissor para os trabalhadores chilenos após a vitória de Salvador Allende, conforme determinava a medida trinta e seis do programa básico do novo governo. A mensagem pictórica constitui uma representação que sugere a expectativa de prosperidade para os trabalhadores do campo e mineradores.

Na imagem cabe destacar as cabeças interligadas de trabalhadores do campo (chapéu vermelho) e mineiros do cobre (capacete com luz); a bandeira nacional como pano de fundo; os olhares fixos para os espectadores; telhados e chaminés de fábricas; uma mulher carregando ramos de trigo e deslocando-se na direção dos trabalhadores. Configura-se assim uma narrativa alegórica e, desta forma, os símbolos ganham mais importância na compreensão da mensagem. No fragmento em questão, ressalta-se a relevância do olhar fixo e frontal dos trabalhadores e o trigo carregado pela figura feminina.

O *olhar*, segundo Jean Chevalier e Alain Gheerbrant, carrega todas as paixões da alma e é dotado de um poder mágico, que lhe confere terrível eficácia. O olhar é o instrumento das ordens interiores: ele mata, fascina, fulmina, seduz, assim como exprime. Além disso, é um reator e um revelador recíproco de quem olha e de quem é olhado.[10] A representação de trabalhadores com olhares fixos no espectador e localizados na frente da bandeira chilena enfatizou o papel central dos camponeses e dos mineradores na construção da sociedade socialista chilena. A imagem feminina carregando o trigo e correndo na direção dos trabalhadores amplia o papel atribuído a esse setor social na luta política

10 Verbete: Olhar In: CHEVALIER, J.; GHEERBRANT. *Op. cit.*, p. 653.

vivida no país, tendo em vista que, simbolicamente, o trigo e a mulher remetem à ideia de fecundidade, de prosperidade e de vitalidade.[11] Em outras palavras, o fragmento (fig. 16d) sugeriu que os trabalhadores do campo e os mineiros representavam, simultaneamente, o principal símbolo e o destino do projeto político-eleitoral que estavam defendendo.

Fig. 16e

A frase "... Ya prepararte a dirigir la industria" está localizada acima de uma ilustração composta, em primeiro plano, por um operário manuseando uma peça de maquinário. No fundo, observa-se a representação do prédio de uma fábrica e de uma multidão de operários deslocando-se para dentro das suas dependências. Nesse caso, mais uma vez, a propaganda muralista colocou em evidência os trabalhadores como agentes centrais do projeto da UP e a posição de liderança que lhes seria atribuída.

11 "Através do grão de trigo, os epoptas prestavam honras a Deméter, a deusa da fecundidade e iniciadora aos mistérios da vida. Essa ostensão muda evocava a perenidade das estações, o retorno das colheitas, a alternância da morte do grão e de sua ressurreição em múltiplos grãos. O culto da deusa era a garantia dessa permanência cíclica. O seio materno e o seio da terra são frequentemente comparados. *Parece certo que se deva buscar a significação religiosa da espiga de trigo nesse sentimento de harmonia entre a vida humana e a vida vegetal, ambas submetidas a vicissitudes semelhantes... Uma vez replantados no solo, os grãos de trigo – o mais belo fruto da terra – são uma promessa de outras espigas* (Secg, 154). (...). O trigo simboliza o *dom da vida*, que não pode ser senão um dom dos deuses, o alimento essencial e primordial" (Verbete: Trigo In: *Ibid.*, p. 906-907.

Fig. 16f

As referências aos trabalhadores do campo nos murais da campanha da UP apareceram em menor escala, mas existiram. A imagem acima (fig.16f) é um exemplo da abordagem dessa temática. Chamou atenção para a necessidade da reforma agrária representando os trabalhadores e suas ferramentas de trabalho como os legítimos "donos" das terras ("... Y la tierra para el que la trabaja").

A questão da reforma agrária foi esboçada na medida vinte e quatro do programa, sob o título "Uma Reforma Agrária de Verdade". Esta postulava a proposta de aprofundamento da redistribuição das terras produtivas em benefício de pequenos e médios agricultores, minifundistas e trabalhadores sem terra. Além disso, o governo asseguraria mercado para os produtos agropecuários e a extensão do crédito agrário.[12]

Fig. 16g

A imagem (fig. 16g) acima demonstra que a questão da terra também apareceu associada às reivindicações de restituição dos direitos dos povos indígenas. Nela estão

12 PROGRAMA DE LA UNIDAD POPULAR, *Op. cit.*, p. 53

representadas mulheres com vestimentas que lembram os povos *mapuches*[13] e olhar fixo para os espectadores. A frontalidade do olhar e a seriedade da expressão das mulheres corroboram com a importância atribuída a essa questão no programa da UP. Este incorporou no projeto de reforma agrária a defesa da integridade do povo *mapuche* através das seguintes propostas: ampliação e resguardo das comunidades indígenas, concessão de terras suficientes, assistência técnica e créditos apropriados para o cultivo.[14]

Fig. 16h

Fig. 16i

13 Os povos *mapuche* ou *araucanos* (conforme foram chamados pelos colonizadores espanhóis) vivem na região sul do Chile e sudoeste da Argentina. São reconhecidos na historiografia latino-americana pela capacidade de resistência ao domínio espanhol. Após as guerras de independência sofreram perdas territoriais significativas com o processo de estruturação do Estado Nacional chileno. Na década de 1970, assim como nos dias atuais, os *mapuches* reivindicavam a restituição de suas terras e o reconhecimento de seu legado cultural.

14 *Ibid.*, p. 34

Fig. 16j

Os três fragmentos acima enfatizaram a perspectiva positiva para o futuro do Chile após a vitória de Salvador Allende. No centro da figura 16h observa-se um carrinho onde está escrito "maní" (amendoim) e que leva duas pessoas. Do lado direito, há uma criança que segue o carrinho e carrega balões de borracha. Guloseimas como amendoim açucarado e brinquedos/enfeites como os balões remetem à simplicidade e pureza da infância. A criança, símbolo da inocência e da espontaneidade, associada ao conjunto dos símbolos e à frase no futuro "... Y también habrá alegría" ("... E também haverá alegria") apresentaram uma representação harmoniosa e feliz do porvir.

Logo em seguida elaborou-se a imagem de uma mulher deitada (fig. 16i) sob a frase "... No habrán angustias para nacer" ("... não haverá angustias para nascer."). O traçado utilizado para representar a mulher, especialmente o aumento da proporção de seus braços, sugere a ideia de proteção. Braços grandes são capazes de envolver todos os que estão à sua volta, como é próprio do valor atribuído à figura materna.[15] A relação texto/imagem permite inferir que a mensagem recorreu à metonímia para atribuir ao futuro governo o papel de realizador das medidas que "protegeriam" e "garantiriam o futuro" de amplos setores sociais chilenos, da mesma forma como faria uma mãe aos seus filhos.

O terceiro fragmento (fig. 16j) reiterou a temática da infância vinculando-se diretamente ao programa da UP. O desenho apresenta crianças alegres e de mãos dadas, brincando de roda, pulando corda e admirando a natureza. Logo abaixo lê-se a frase: "...Y

15 No texto de Maurício Vico Sánchez sobre os cartazes de Waldo González Hervé para a Polla Chilena de Beneficência, ao observar a recorrência da representação mãe-filho nas imagens de seus cartazes, o autor ressaltou que, quando a mãe é aumentada em escala o objetivo é passar a sensação de proteção. Imagem que remeteria à linguagem cinematográfica expressa no filme "A Mãe", de Vsevolod Pudovkin, considerado um clássico do cinema soviético. (CASTILLO ESPINOZA, *Op. cit.*, 2004, p.9).

los únicos privilegiados, los niños". Neste caso, constata-se uma referência direta às medidas prioritárias que visavam assegurar a formação física e intelectual das crianças. No entendimento do programa, conforme dissemos no capítulo anterior, preocupar-se com as crianças era a principal garantia de que na futura sociedade haveria homens novos aptos física e intelectualmente para manter e aprofundar as mudanças sociais, econômicas e culturais consideradas necessárias para a consolidação do socialismo no Chile.

Fig. 16k

A extensa sequência de fragmentos que compuseram o mural do Hospital Barro Luco completou-se com a afirmação do sentido revolucionário do programa da UP (fig. 16k), ou seja, representou o significado libertador da transição ao socialismo para o Chile. A frase "... Y ahora también Chile" dialoga com uma representação composta por cinco pessoas tentando fixar no solo uma grande bandeira. Nela observa-se o desenho de um livro aberto com páginas em branco e logo abaixo a frase "Cuba territorio libre de América". A fotografia, mesmo em preto e branco, permite observar que as figuras humanas foram representadas em cores claras e escuras, sugerindo uma referência à heterogeneidade étnica de Cuba.No conjunto, a mensagem expressa a ideia de que a luta pela libertação em relação ao domínio imperialista estadunidense deveria unir a sociedade e, sendo assim, superar inclusive tensões de cunho étnico-racial. Ao mesmo tempo, a presença do livro aberto com páginas em branco numa bandeira que simboliza a vitória revolucionária em Cuba, propõe o início de um novo tempo e, sendo assim, de uma nova história para ser construída e contada.

Por fim, o fato desse fragmento integrar o mural da campanha permite uma relação com o último ponto do programa da UP relativo a sua política internacional. Este aspecto realçava a perspectiva latino-americanista e antiimperialista do projeto socialista para o Chile que pressupunha vínculos de amizade e solidariedade com os povos que lutavam pela libertação e independência em relação aos países capitalistas e relações de intercâmbio com países socialistas. Nesse sentido, Cuba ganhou destaque por ser considerado um exemplo vitorioso da possibilidade de avanço da revolução e da construção do socialismo no continente. [16]

Em síntese, os fragmentos constituíram uma narrativa que partiu de uma retrospectiva histórica para justificar as transformações propostas pela esquerda chilena para o presente e que apontaram um futuro promissor para o país. Através da combinação de textos e imagens, as brigadas muralistas que participaram da campanha de Salvador Allende estabeleceram em seus murais relações diretas entre causa e consequência, entre os fatos e as propostas apresentadas, seguindo assim a mesma estratégia argumentativa do programa da UP.

De acordo com as mensagens visuais observadas acima, a revolução socialista apareceu como um processo necessário para que o Chile conquistasse sua segunda independência. Conforme expressou o primeiro fragmento (fig. 16a), após a conquista da independência política da Espanha, o povo chileno continuou sendo vítima da exploração econômica por parte dos EUA. Situação e solução explicitadas pela representação das condições de trabalho dos mineradores do cobre, do enriquecimento dos capitalistas e na imagem frontal de Manuel Rodríguez. Desta forma, os principais tópicos do programa da UP relacionados à política econômica do novo governo, como a questão da nacionalização do cobre (fig.16b), e aqueles relativos às políticas sociais direcionadas aos trabalhadores, tais como a participação dos trabalhadores na direção das indústrias (fig.16e), a criação de empregos (fig. 16d), a reforma agrária (fig. 16f) e a integração social dos povos originários (fig. 16g), foram representadas. Nesse caso, ficou evidente não apenas a reprodução do programa, mas a representação das estratégias de luta que seriam adotadas pela UP no processo de transição ao socialismo: a priorização das reformas no campo econômico sem ruptura institucional.

Além disso, como é próprio das propagandas políticas, as brigadas muralistas também se preocuparam em mostrar as perspectivas de futuro após o processo de transição ao socialismo e a consequente conquista da "segunda independência" no país. Nesse sentido, referiram-se à formação de "homens novos" (fig. 16c) representados por jovens alegres e a um futuro expresso na tranquilidade da mulher que iria dar à luz à nova geração

16 PROGRAMA DE LA UNIDAD POPULAR, *op. cit.*, p.45.

(fig. 16i) e pela felicidade das crianças que se desenvolveriam (figs. 16h e 16j) na nova sociedade. Alegria, tranquilidade e felicidade foram as marcas das representações do porvir.

O sentido revolucionário da *experiência chilena* como parte de um processo mais amplo, de cunho socialista, a ser construído no continente latino-americano, explicitou-se ao inserir na narrativa visual a referência direta a Cuba como um território livre na América (fig. 16k).

Ainda sobre o mural do Hospital Barro Luco, é importante mencionar a heterogeneidade das escolhas formais na elaboração das mensagens. Infelizmente, como já foi dito, não tivemos acesso às imagens com suas cores originais. No entanto, os traçados geométricos, as composições alegóricas, a lateralidade e/ou frontalidade das imagens, entre outros aspectos mencionados nas análises de cada fragmento, atestaram que o trabalho foi coletivo e envolveu escolhas estéticas distintas, ou seja, provavelmente não houve uma orientação prévia e/ou rígida a respeito da forma ou do didatismo das mensagens.

Por fim, outro mural extenso e significativo para a compreensão do trabalho das brigadas muralistas no período eleitoral encontra-se reproduzido abaixo (fig. 17) e foi pintado numa localidade da periferia de Santiago, a Comuna San Miguel.

Fig. 17a

Fig. 17b

Fig. 17c

Fig. 17d

Fig. 17e

Fig. 17f

Fig.17g

Figura 17. Fragmentos de murais pintados na Comuna San Miguel. Santiago, 1970. Autoria indefinida. Fonte: Disponível em: <http://www.abacq.net/imagineria/exp19.htm

O mural relaciona textos e desenhos para explicar detalhadamente as desvantagens que a exploração do cobre nacional baseada no investimento de capital estrangeiro gerava para o país. No primeiro fragmento (fig. 17a) aparece o contorno do mapa do Chile e o seguinte texto: "Si Chile tuviera un precio sería 10 mil millones de dólares... Desde 1910 hasta esta fecha los gringos se han llevado más de 10 mil millones de dólares" ("Se o Chile tivesse um preço seria de 10 bilhões de dólares. De 1910 a esta data os gringos levaram com eles mais de 10 bilhões de dólares"). Como na sequência anterior, o ponto de partida é a denúncia da exploração econômica sofrida pelo país desde a conquista da independência política. Nas duas partes seguintes (figs. 17b e 17c), são apresentadas as jazidas de cobre do país: *Chuquicamata* e *El Salvador*, as menores, e *El Teniente*, a maior. A imagem 17c representa o cobre na forma de barras localizadas debaixo da terra das montanhas e delas saindo empilhadas em carrinhos. A mensagem explicita assim o valor da principal fonte de riqueza chilena para, em seguida, explicar seu impacto na economia nacional.

Na figura 17d observa-se homens trabalhando na extração do cobre das jazidas e a quantidade de produção acumulada. A representação foi dividida em duas partes: na parte superior aparece o desenho de máquinas para a extração do cobre, carrinhos para transportar a produção e homens observando o processo produtivo. Logo abaixo lê-se a frase: "La gran minería = 8.500 hombres, produce 800000..." ("A grande mineradora = 8.500 homens, produz 800.000"). Ou seja, apresentaram dados referentes à força de trabalho e ao resultado da produção da maior mineradora do país. No mesmo fragmento, na parte inferior, aparece a representação de homens realizando o processo de extração do cobre sem o auxilio de máquinas ou trilhos para a movimentação automática dos carretos e seguido da frase: "La pequeña minería con 8000 hombres..." ("A pequena mineração com 8000 homens..."). As reticências indicam uma discrepância nas condições e resultados do processo produtivo das mineradoras do país. Tal situação se explica no próximo fragmento (fig. 17e).

No fragmento 17e foi representado o montante da produção que cabia a cada uma das empresas mineradoras mencionadas na imagem anterior. Na parte superior, referindo-se às grandes mineradoras, aparecem novamente maquinários, os carretos cheios de cobre sobre os trilhos, um trabalhador e a porcentagem de "70%". Logo abaixo, a produção aparece amontoada, ensacada e intercalada com a porcentagem "5%". Ainda na parte superior lê-se "Lo que significa" e na inferior "del ingreso nacional" ("da arrecadação nacional"). A relação entre texto e imagens iconográficas atestam que o objetivo do fragmento é demonstrar que o lucro das grandes mineradoras representava 70 % da arrecadação nacional e as de pequeno porte 5%.

O fragmento seguinte (fig.17f) pontua que a exploração do cobre era responsável por 75% da arrecadação do país e demonstra o peso da presença do capital estrangeiro na divisão desse valor. A associação entre iconografia e texto nesta parte do mural torna essa ideia explícita: um balde despeja o cobre. Este se divide entre um recipiente onde está desenhada a bandeira dos EUA e uma parte que se desloca em direção a um caminhão, um ramo de trigo, um produto embalado e um objeto não identificado. Logo abaixo dos desenhos lê-se: "Y los gringos se llevan la otra mitad". Em outras palavras, o fragmento constata que apenas 50% da arrecadação da sua maior fonte de riqueza econômica era destinado ao desenvolvimento do Chile.

No fragmento 17g a mensagem do mural completa-se com ilustrações relacionadas às necessidades sócio-econômicas do país distribuídas entre a frase "Se invierte en comprar lo que el país no produce" ("Se destina a comprar o que o país não produz"). Os desenhos permitem associações com importantes setores da economia chilena, tais como: transporte fluvial (barco); maquinários para indústria têxtil (máquina de costura), para a produção agrícola (trator) e para as jazidas de cobre (escavadeira); construção civil ou moradias populares (casa); saúde (ambulância); exportação (produtos embalados); e agropecuária (gado bovino).

A mensagem do mural, de acordo com a política de desenvolvimento econômico proposta no programa da UP, procurou sintetizar pontos específicos que remetiam à questão da necessidade de independência econômica para alcançar um desenvolvimento nacional voltado para a máxima auto-subsistência. Isto significava libertar o Chile da subordinação ao capital estrangeiro através da expropriação das empresas nacionais em seu domínio (nacionalização das riquezas naturais), realizar uma política de crescente autofinanciamento das atividades econômicas fixando as condições em que se operaria o capital estrangeiro não expropriado e, assim, obter mais capital para investir em tecnologia e produtos para exportação etc. [17]

Em linhas gerais, os murais de propaganda que atuaram durante a disputa eleitoral procuraram reiterar alguns pontos basilares do programa da UP, mesmo sem deixar de evidenciar algumas tensões que permearam a adoção da estratégia da via pacífica.

Um aspecto fundamental na propaganda política é a maneira como representa o poder e, em particular, o líder do projeto em questão. A esse respeito as brigadas muralistas, ainda no período eleitoral, romperam com a prática do culto à personalidade dos líderes nas esquerdas. No primeiro mural analisado (fig. 15), um dos poucos em que o candidato da UP apareceu, a imagem de Salvador Allende compôs uma representação que

17 *Ibid.*, p. 35.

buscou mostrar a identificação do governo com os trabalhadores, sem ser aclamado como líder ou expressar algum tipo de hierarquização entre o executivo, o governo e os setores sociais que visava representar.

As imagens seguintes (figs. 16 e 17) abordaram temas centrais do programa da UP, como a crítica à dependência econômica em relação ao capital estrangeiro e suas consequências na produção, arrecadação e distribuição das riquezas no país. De acordo com essa perspectiva, foram destacados (fig. 16) os benefícios sociais e econômicos que seriam garantidos pelo novo governo, tais como: a integração dos trabalhadores na administração das indústrias; o aumento das ofertas de emprego; o aprofundamento da reforma agrária; a atenção às comunidades indígenas e ao desenvolvimento infantil.

De uma forma geral, as representações brigadistas sobre os princípios norteadores do programa da UP e das perspectivas em torno do futuro Chile socialista não expressaram conflitos nas imagens da campanha eleitoral. A representação do caráter festivo e integrador do processo de transição ao socialismo foi preponderante nos murais, mesmo quando as mensagens incorporaram as divergências entre as estratégias da esquerda reunida na UP (fig. 16c).

No entanto, fora dos limites das mensagens, a tensão política a respeito da via de acesso ao poder manifestou-se por meio de pichações como a do MIR, logo abaixo do mural do Hospital Barro Luco (figs. 16B e 16c), onde se pode ler as palavras "Conciencia Fusil MIR" ("Consciência Fuzil MIR"). Trata-se de um "diálogo" entre grupos de esquerda registrado nos muros que sublinhou, simultaneamente, o permanente dissenso entre as esquerdas e a tolerância com os projetos divergentes, tendo em vista que as palavras foram escritas logo abaixo do mural brigadista, sem rasurá-lo.

Em termos de elaboração formal das imagens dos murais, observamos que na propaganda política brigadista do período eleitoral prevaleceram escolhas estéticas diversificadas e simples, certo didatismo baseado, sobretudo, na predominância da relação texto/imagem. A simplicidade explica-se, em certa medida, pelas contingências da luta político-eleitoral num contexto marcado pelo confronto direto com militantes de outras tendências políticas e a necessidade de realizar a pintura de maneira clandestina e no período noturno.

Os cartazes da campanha eleitoral

O lema *Venceremos* também ganhou destaque entre os cartazes da campanha da eleitoral.

Figura 18 e 19. Cartaz da Campanha Eleitoral de 1969/1970. Fonte: Disponível em: <http:// www.chilevive.cl>

Os cartazes acima seguem o mesmo padrão gráfico e recorreram à metonímia para expressar a identificação entre o projeto da UP e os trabalhadores chilenos. O primeiro (fig.18) apresenta o slogan "Venceremos" em vermelho localizado na parte superior da imagem e o nome da coligação "Unidade Popular", em azul, na parte inferior. No centro do cartaz encontra-se a fotografia de uma mão esquerda fechada a frente da bandeira nacional chilena. Com a predominância das cores da bandeira (azul, vermelho e branco), a mensagem se estabeleceu a partir da relação direta entre texto e imagem: o punho fechado constituí um símbolo tradicional das lutas dos trabalhadores de esquerda, ao ser colocado a frente da bandeira do chile e relacionado com o slogan "Venceremos" e o nome da coligação "Unidade Popular", estabeleceu a mensagem de que a vitória da UP seria sinônimo da vitória dos trabalhadores chilenos.

No segundo cartaz (fig.19) observa-se apenas um elemento diferencial, porém significativo: o nome da coligação de esquerda Unidade Popular foi substituído pelo tradicional grito de guerra da esquerda "O povo unido jamais será vencido!", escrito na cor vermelha. O fato da mensagem do cartaz não se referir diretamente ao candidato ou à coligação que ele representava, substituindo-a pela frase "O povo unido jamais será vencido!", explicitou a tentativa de reforçar a identificação popular com o projeto da UP.

O cartaz abaixo (fig. 20) é considerado um marco da propaganda visual da campanha eleitoral de 1969/1970.

Figura 20. Cartaz da Campanha Eleitoral de 1969/1970. Autoria: comissão de propagada da UP. Fonte: Disponível em: <http://www.abacq.net/imagineria>

Na fotografia vemos uma criança vestida com trajes simples, sorrindo apoiada em uma pedra onde lê-se a frase "*Por ti venceremos con Allende*" sobre o símbolo da UP. A garantia do futuro para as crianças apareceu novamente como um propósito central do programa de governo que previa proporcionar condições para seu desenvolvimento integral (desde a nutrição até a educação formal) e que se relacionou diretamente com o objetivo de formar os homens novos. Apesar do nome do candidato ser mencionado no cartaz, sua imagem continuou sendo vinculada ao projeto coletivo que representava.

Por fim, o cartaz seguinte (fig. 21), de composição aparentemente artesanal, foi o único do período eleitoral que utilizou a imagem de Salvador Allende para compor sua representação.[18]

18 Não encontramos quaisquer menções ou análises deste cartaz na bibliografia consultada. Consideramos artesanal porque a imagem reproduzida na *website* permitiu observar a utilização de uma tipografia irregular, como se tivesse sido elaborado manualmente com canetas hidrográficas.

Figura 21. Cartaz da Campanha Eleitoral. Autoria Indefinida. Fonte: Disponível em: <http://www.chilevive.cl>

Sua mensagem é composta por uma associação de palavras – "Solidarität" (palavra "solidariedade" em alemão), "U.P", "Allende", "Chile", "Venceremos" – que circundam a letra "S" que se apresenta como motivo central da representação. A letra "S", se observada de baixo para cima, foi preenchida por três setas que apontam para o topo da letra onde está a bandeira do Chile e a imagem de Salvador Allende. Como pano de fundo encontra-se uma estrela vermelha.

A associação entre os símbolos e as palavras permitiu a seguinte interpretação da mensagem: a letra "S", no centro da imagem, sugeriu ideias como "solidariedade", "socialismo", o nome próprio "Salvador" (do candidato à presidência) e, ainda, remeteu à imagem de um caminho tortuoso que representava a transição para o socialismo. Portanto, a letra "S" representou o sentido social e humanitário das transformações (solidariedade), pois baseado numa nova lógica de distribuição da riqueza nacional que visava atingir setores mais amplos da sociedade chilena (operários, camponeses, indígenas e camadas médias em geral). Também significou a importância da ação coletiva para a realização do programa (Venceremos/Unidade Popular), pois dele dependia a consolidação de uma estrutura para a futura sociedade socialista. O rosto de Salvador Allende, no topo da mensagem, materializava a pessoa capaz de liderar a luta no âmbito institucional, conforme previa a estratégia da via pacífica. Por fim, a estrela, ou seja, a vitória eleitoral, estava por trás de tudo isso, porque consistia na principal condição para que esse "caminho tortuoso" pudesse ser percorrido. Não conseguimos desvendar a razão da grafia da palavra "solidariedade" estar no idioma alemão.

De forma geral, os cartazes da campanha centraram-se na luta pela vitória eleitoral atribuindo à participação coletiva um valor equivalente ao do candidato, como observado anteriormente na mensagem do mural "VENCEREMOS" (fig. 15). Sendo assim, a propaganda eleitoral veiculada nos murais e nos cartazes contribuiu para difundir a representação do novo poder e de seus agentes como resultado da união dos setores populares, das camadas médias e do governo, ou, em outras palavras, da aliança entre sujeitos anônimos e o candidato Salvador Allende pela realização do programa da UP.

O novo poder se estabelece: os agentes revolucionários e os inimigos do governo

A ideia de *agentes revolucionários* refere-se às pessoas que estariam a frente do processo de luta política, defendendo e/ou construindo as rupturas e mudanças previstas no programa da UP. Ao longo dos três anos de governo de Salvador Allende, os agentes revolucionários do processo de transição para o socialismo no Chile continuaram sendo representados por personagens anônimos identificados com as categorias sociais e ações políticas que correspondiam ao posicionamento de cada brigada muralista, dos produtores dos cartazes e das organizações que os encomendavam.

Os agentes revolucionários nos murais

Figura 22. Mural pintado no bairro de periferia Juan Antonio Rios, localizado ao norte de Santiago, em 1971. Autoria: BRP Fonte: Disponível em: <http://www.abacq.net/imagineria/>

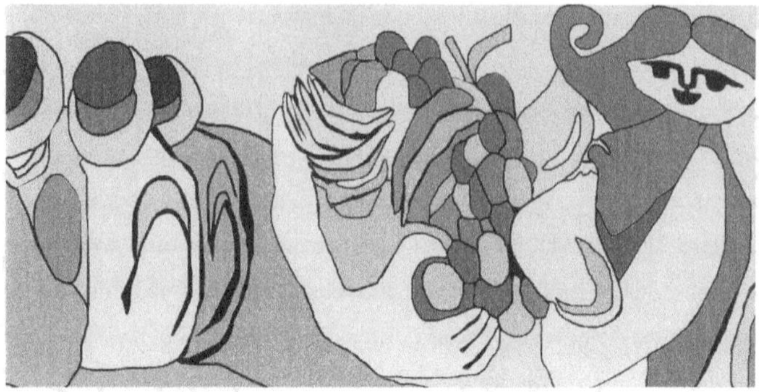

Figura 23. Fragmentos do mural intitulado "A terra é o pão". Temuco, 1971. Autoria: BRP. Fonte: Eduardo Carrasco (2004, p.57).

Figura: 24. Fragmentos de um mural pintado no bairro de periferia Las Reja, Santiago, em 1972. Autoria: BRP. Fonte: Disponível em: <www.abacq.net/imagineria/exp31.htm>

No centro do mural (fig. 22) produzido pelas BRP em 1971, observamos a ilustração da cabeça de três trabalhadores do sexo masculino sustentadas por uma engrenagem. Seus rostos apresentam os traços característicos das representações humanas produzidas pelas BRP: olhos grandes, lábios grossos, nariz achatado e pele morena. Cada um desses trabalhadores, se observarmos a imagem da esquerda para a direita, representou uma área da economia do país. O primeiro, com um chapéu pontiagudo, pintado em tom avermelhado como a terra, olhando em direção a ramos de trigo e outras plantas, remetia à figura do homem do campo, do agricultor. No centro, vestindo um capacete com a lanterna apontada para frente, observamos o mineiro. À direita, com um chapéu azul claro e arredondado como um boné, encontra-se a imagem de um operário da indústria que olha na direção de uma chaminé de onde sai uma fumaça que se dissipa no ar. No centro está a bandeira chilena e fora da composição, à esquerda, aparece o símbolo do PC e, à direita, a assinatura do produtor coletivo da imagem: as BRP.

O mural (fig. 22) representou o país como uma engrenagem dirigida pelos trabalhadores de áreas essenciais da economia chilena. Eles seriam os agentes responsáveis pela prosperidade do país (significado simbólico do trigo). O fato das três cabeças estarem reunidas no topo da representação retoma a proposta de participação dos trabalhadores, não apenas como força de trabalho, mas também como dirigentes e, sendo assim, como vozes ativas nas ações e decisões dos setores mais lucrativos da economia. Posição condizente com a centralidade atribuída às mudanças no campo econômico logo após a vitória eleitoral.

O fragmento seguinte (fig. 23), segundo Eduardo Carrasco, foi pintado em 1971 na cidade de Temuco localizada ao Sul de Santiago, região na qual se concentravam os maiores latifúndios do país.[19] Ao abordar o tema da reforma agrária, a imagem deu destaque à figura feminina, colocando-a em primeiro plano, com cabelos longos e azulados, braços grandes envolvendo os frutos da terra (uvas, bananas, peras) e sorrindo. As cores estabelecem a identificação entre a mulher e os frutos da terra e, ao mesmo tempo, remetem a uma sensação de luminosidade e calor. Mais à esquerda, em segundo plano, observamos três figuras humanas masculinas vestidas com chapéus e roupas que reproduziram as cores da mulher, dos frutos e, também, a cor da terra. Suas cabeças baixas, como se estivessem protegendo-se do sol, intensificou a sensação de luminosidade.

A mensagem (fig. 23) constituiu-se a partir de uma alegoria sobre o trabalhador e o trabalho no campo. A imagem da mulher carregando os frutos da terra com uma expressão de satisfação remete ao simbolismo que identifica o "seio materno ao seio da terra", ou seja, à fecundidade e à prosperidade da terra gerada pelo trabalho. A lateralidade da representação, característica dos murais das BRP, reafirma a noção de um processo em curso. Os valores mobilizados no fragmento reconhecem a importância do camponês na produção de alimentos diversificados que, conforme previa o programa do governo, seria distribuído de forma mais igualitária na sociedade. Não por acaso, o ano de produção do mural "A terra é o pão" (1971) foi o mesmo da política de aprofundamento da reforma agrária.

No terceiro mural das BRP (fig. 24), elaborado em 1972, observamos que a representação dos trabalhadores das três áreas de produção chilena se repete e também inclui a representação de uma mulher. A partir da leitura da esquerda para a direita, observamos a mulher num ambiente doméstico em que aparece um varal com roupas estendidas, um tanque de lavar roupa, um balde, escova e uma barra de sabão. Em seguida, mais à direita, estão representados os três trabalhadores: um mineiro, um agricultor e um operário da fábrica, carregando suas ferramentas de trabalho, respectivamente, uma picareta, um rastelo e um instrumento similar a um martelo de metal.

19 CARRASCO. *Op. cit.*, p. 56.

A imagem constitui a representação de dois ambientes distintos. O primeiro é o lar que está relacionado à figura feminina. Esta, com um olhar distraído e movimentos soltos, transmite a sensação de tranquilidade na realização da tarefa. No segundo, composto por figuras masculinas, vemos expressões sérias e sisudas, corpos com formas e gestos robustos segurando firmemente as ferramentas de trabalho, com olhares fixos e voltados para frente (no caso do mineiro e do operário). Novamente a lateralidade indica um deslocamento conjunto em direção a um objetivo comum que está adiante. Os braços aumentados da mulher num formato desproporcional ao corpo, sugerem proteção, enquanto as grandes mãos dos operários com seus punhos fechados representam a força e a disposição para a luta através do trabalho.

Os três murais das BRP apresentaram os trabalhadores da mineração, da agricultura e da indústria como os principais agentes revolucionários da transição para o socialismo no Chile. As ferramentas de trabalho empunhadas com força (fig. 24), o olhar direcionado sempre para frente (fig. 22 e 24) e a recorrente representação conjunta dos três, procurou difundir a ideia de que a luta política iniciada com a vitória eleitoral se desenvolveria baseada na retomada do controle dos principais setores da economia pelo governo e na participação ativa e diretiva dos trabalhadores no processo produtivo.

A imagem feminina presente nos murais citados não foi relacionada à luta no âmbito da produção econômica, mas sim, às tarefas domésticas e ao valor da feminilidade/fertilidade como símbolo universal. Neste caso, conforme indicamos no segundo capítulo, a mulher aparece como representação do afeto, da harmonia, da face unificadora da nação e, sendo assim, expressou a ideia do futuro socialista como a realização do desejo das famílias chilenas: um lar alegre, protegido, afetuoso, uma mesa farta (figs. 23 e 24). Em outras palavras, não era a participação ou a integração objetiva da mulher no processo de transição ao socialismo no Chile que estava em questão nas representações dos murais das BRP, mas o valor simbólico tradicional de sua imagem associado a uma ideia de futuro promissor para os setores médios e populares que seria construído pela ação revolucionária dos trabalhadores homens no presente.

O formato do rosto feminino na figura 24 também apresenta elementos relevantes para a compreensão das mensagens das BRP: os traços andinos e a inclinação do rosto expressam certa aproximação com imagens femininas pintadas pelo equatoriano Oswaldo Guayasamín. Na época, este artista plástico era um dos mais importantes pintores sul-americanos, reconhecido por obras consideradas representativas dos dramas e tragédias que acometiam a humanidade. As expressões das mulheres e homens por ele representados eram de dor, sofrimento e angústia. O resgate desta referência estética ganhou relevância pela maneira como demonstrou a preocupação das BRP em dialogar com a produção cultural latino-americana e a forma singular como se apropriaram do legado do artista equatoriano. Neste caso, inspiraram-se no traçado característico da arte andina para representar um rosto humano feminino, porém com expressão serena e tranquila, de acordo com o esforço das brigadas comunistas para legitimar a possibilidade de realização da *via chilena para o socialismo*.

Figura 25. Fragmentos de um mural pintado nos muros exteriores do anfiteatro Griego do Parque Bernardo O'Higgins. Santiago, 1972. Autoria: BEC. Fonte: Revista *Onda*, 22 de maio de 1973.

A imagem acima (fig. 25) é uma fotografia de um fragmento do mural da BEC pintado nos muros exteriores do anfiteatro *Griego* do *Parque Bernardo O'Higgins*, em Santiago do Chile e reproduzido no artigo de Ximena Ortúzar para ilustrar a realização muralista de maior porte das brigadas da JS. De acordo com o artigo, esta pintura exigiu o trabalho rotativo de "brigadistas" durante sete meses contando desde o esboço realizado pelo brigadista da BEC Tito Muñoz, até sua conclusão no final de 1972. Conforme relatou Ximena Ortúzar, o tema da pintura foi a história do Chile contada em nove partes, "desde o primeiro painel com a chegada dos conquistadores que trouxeram o progresso e o domínio, passando pelo surgimento da classe operária, o imperialismo inglês e ianque, terminando com o triunfo do governo popular".[20]

Na primeira metade da imagem, partindo do canto esquerdo, vemos a figura de um homem e, um pouco a sua frente, a de uma mulher carregando uma criança. Em seguida observamos dois rostos em posição frontal olhando para o espectador: o primeiro não apresenta nenhuma característica que permite identificar sua categoria social ou profissional, por isso, o consideramos uma representação de um homem comum. O segundo veste um chapéu característico do homem do campo e segura uma ferramenta de trabalho. Do centro da imagem para a direita, o mineiro direciona o olhar, a luz do capacete e seu grande braço esquerdo com o punho fechado para uma ave de rapina (gavião) localizada junto a barras de metal que lembram barras de ouro (a riqueza nacional).

20 Trecho traduzido pela autora. ORTÚZAR, "mistica a..." *Op. cit.*

No conjunto, o fragmento do mural das BEC descreveu a última etapa da história do Chile que, na leitura dos brigadistas, iniciou-se com a eleição de Salvador Allende, ou seja, com a possibilidade dos chilenos realizarem a transição ao socialismo e conquistarem sua "segunda independência". A imagem, elaborada em perspectiva, aproximou do espectador a figura dos trabalhadores (mineiro e, em seguida, o agricultor), dando destaque ao papel desse segmento social na luta contra o imperialismo dos EUA (o mineiro olhando fixo para a ave de rapina).

O mural da BEC também ressaltou o protagonismo dos trabalhadores homens das principais áreas da economia do país entre os agentes do processo revolucionário de transição ao socialismo em desenvolvimento no Chile. No entanto, o olhar frontal do camponês erguendo o instrumento de trabalho e o punho fechado do operário deslocando-se na direção de um dos símbolos do imperialismo econômico (ave de rapina), indicaram a possibilidade de um embate violento, rompendo com a perspectiva da via pacífica.

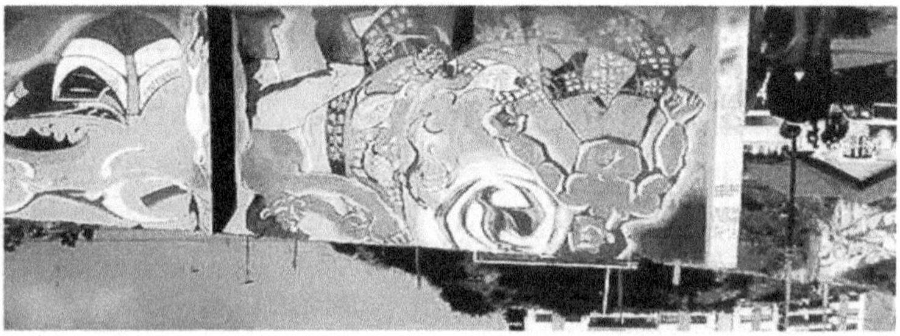

Figura 26. Fragmento de um mural produzido na cidade portuária de Valparaíso em 5 de dezembro de 1971. Autoria: Oficina de Arte USM. Fonte: Disponível em: <http://www.abacq.net/imagineria/exp31.htm>

Neste último mural destaca-se a figura do pescador, representante de outro setor importante para a economia chilena, mas que pouco apareceu nas imagens das BRP e das BEC. A imagem narra o processo de retirada do peixe do mar, através do arrastão, e se constituiu a partir de um conjunto de elementos que remetem ao trabalho do pescador: a pouca vestimenta, a força física, as botas de borracha, o barco, a rede, os peixes, o mar, a luminosidade gerada pelas cores quentes predominantes na parte terrestre (amarelo e vermelho) combinadas com as cores frias (o azul claro e o branco) do mar e do céu. O mural foi produzido pelos artistas do ateliê de arte da Universidade de Santa Maria (USM) que fizeram uma homenagem ao trabalhador portenho de Valparaíso, importante cidade portuária e conhecida por ser colégio eleitoral dos partidos de esquerda. Damos destaque a este mural produzido por artistas profissionais, porque ajuda a dimensionar a importância sociocultural que o muralismo alcançou na época.

Tanto os murais das brigadas muralistas comunistas e socialistas, quanto o mural da USM, convergiram na valorização do trabalhador masculino como figura central na luta política. Esses homens deveriam colocar-se à frente da administração da produção, do trabalho ligado às áreas essenciais da economia do país e dos enfrentamentos políticos nas ruas.

De formas distintas, as imagens deram visibilidade ao que o programa da UP estabeleceu como prioridade para o período de transição para o socialismo pela via pacífica: por em andamento o plano de desenvolvimento econômico que tinha como eixo uma transformação no sistema de relações de trabalho para proporcionar uma participação ativa dos trabalhadores na construção da nova sociedade.

A mobilização social que se seguiu à vitória da UP foi incentivada pela integração dos trabalhadores dos setores médios e populares em diferentes projetos de transformação socioeconômica. O ponto de partida, como mencionado anteriormente, foi a nacionalização das empresas extratoras de cobre e a criação da Área de Propriedade Social (APS).

Em dezembro de 1970, foi assinado um convênio entre a UP e a CUT, no qual se estabeleceu a participação dos trabalhadores de forma ampla em todas as áreas da sociedade civil. Isto significou, segundo o estudo do sociólogo Francisco Zapata, a integração dos trabalhadores no campo das decisões do governo tanto como categoria social, através da luta reivindicativa, quanto na sua inserção nas estruturas de poder.[21] Tal convênio foi complementado ainda pela publicação das normas básicas de participação dos trabalhadores na administração de empresas da área social e mista, em julho de 1971. Os resultados iniciais dessa iniciativa foi um reajuste salarial de 100% para o setor público e no fim das diferenças nos direitos trabalhistas entre operários e funcionários (os operários conquistaram direitos relacionados à previdência social que até então cabiam apenas aos segundos). A participação dos trabalhadores na gestão das empresas das áreas social e mista foi definida a partir de normas estabelecidas para os comitês de produção e desdobraram-se nas seguintes resoluções: metade dos integrantes seria eleita pelos trabalhadores da empresa, a outra metade seria de representantes do Estado (trabalhadores e/ou políticos). O autor esclareceu ainda que as atividades dos órgãos de participação eram diferentes das dos sindicatos, tendo em vista que os comitês representavam um meio dos trabalhadores participarem da administração das empresas, enquanto os sindicatos tinham a função de politizar os debates e orgnizar as reivindicações sociais.[22]

Essas medidas se integraram nas realizações de curto prazo do governo da UP baseadas em um programa de reativação da economia que previa a redistribuição da renda nacional e a expansão dos gastos públicos. Segundo Patrício Quiroga, os passos centrais

21 ZAPATA, F. *Las relaciones entre el movimiento obrero y gobierno de Salvador Allende*. Ciudad de Mexico: El Colégio de México, 1976, p .49.

22 *Ibid.*, p. 51.

desta política foram o aumento da capacidade produtiva do setor industrial e da construção e o recurso às divisas de reserva internacional, aumentadas por uma favorável conjuntura da venda do cobre. O resultado foi a redução do desemprego, alta nos salários e, principalmente, a ampliação do apoio eleitoral ao governo, verificado nas eleições municipais de abril de 1971, quando a UP alcançou 50,86% dos votos.[23]

A valorização e o incentivo à participação dos trabalhadores foram concomitantes às conquistas político institucionais no campo de desenvolvimento econômico que, já no final do primeiro ano de governo, significaram a realização de boa parte de medidas de longo prazo, como: a nacionalização da maior parte dos recursos minerais, incluindo quatro companhias de propriedade norte americana, a nacionalização de mais de 80% dos bancos, de um grande número de empresas do setor manufatureiro e a expropriação de quase 2,5 milhões de hectares de terra agrícola.

Com relação ao setor agrícola, representado na maioria das imagens analisadas acima, o governo aplicou a legislação da reforma agrária existente e acelerou o ritmo de expropriações, de forma que no final do primeiro ano, já havia passado para a área reformada quantidade de terra equivalente a que foi incorporada ao Estado durante os seis anos da administração anterior. Em meados de 1972, já haviam sido expropriados todos os terrenos que correspondiam ao modelo estabelecido pela lei, o que significou o controle estatal de 35% da terra agrícola e de 20% do emprego no setor.[24]

Percebe-se portanto que as mensagens de propaganda dos murais centraram-se nas medidas prioritárias do governo, dando ao trabalhador masculino o status de agente principal do processo de luta revolucionária pela transição ao socialismo.

---

23 Patrício Quiroga apresentou os seguintes resultados de melhoria para as condições dos trabalhadores entre dezembro de 1970 e dezembro de 1971: 7,7% de crescimento da produção; baixa de 8,31% para 3,8% na taxa de desemprego, redução de 34,9% para 22% de inflação anual, aumento de 52,8% para 61,7% na participação dos assalariados na renda nacional (QUIROGA, *Op. cit.*, p. 23).

24 FAÚNDEZ, *Op. cit.*, p. 217.

Os agentes revolucionários nos cartazes de propaganda

Logo após a vitória da UP, os cartazes de propaganda produzidos no Ateliê dos Irmãos Larrea começaram a ser produzidos e a participar da construção da memória visual da experiência chilena.

Figura 27. Cartaz "En la hora del Triunfo". Autoria: Vicente Larrea 1970. 543x758 mm (offset). Fonte: Cartaz Político. Eduardo Castillo Espinoza (2004, p. 23).

O cartaz intitulado "En la hora del triunfo, en el mes de la Pátria, 38 años junto a las luchas del pueblo" ("Na hora do triunfo, no mês da Pátria, 38 anos junto às lutas do povo") (fig. 27) foi produzido no mês da vitória eleitoral, setembro de 1970, para a comemoração do aniversário dos trinta e oito anos das JJCC. Nele observamos uma família, sem identificação de classe, organizada da seguinte maneira: o pai, figura de maior estatura, localizada no centro, ao seu lado esquerdo a mãe e ao lado direito o filho primogênito. À frente localizam-se os filhos mais novos ainda na infância, um menino e uma menina, e atrás de todos um animal doméstico (cachorro). Além da família outros dois símbolos importantes desta imagem são a faixa presidencial que envolve a família e as flores.

A família envolta pela faixa presidencial reitera uma ideia difundida na campanha eleitoral de que a vitória de Salvador Allende não significava a simples troca de um presidente, mas a vitória de um projeto para o país pautado nas necessidades de diferentes setores sociais. As representações constituídas por desenho simples e infantilizados de pessoas alegres, os braços erguidos com as mãos abertas, enfatizaram a certeza dos ganhos que a transição ao socialismo proporcionaria ao país. As flores rodeando a família ampliam, simbolicamente, a representação de ideias como felicidade, paz, naturalidade, harmonia e, com isso, reforçaram a representação harmônica e positiva das perspectivas em relação ao novo governo.

A escolha de uma família como motivo central da mensagem permitia o estabelecimento de uma identificação com diferentes setores sociais e não apenas com os trabalhadores e as camadas populares. É importante lembrar que o Chile, por ser um país predominantemente católico, via a família como base da estrutura social. Portanto, associar o novo governo a ela significava a tentativa de conquistar também a mobilização e o apoio eleitoral das camadas médias e até de setores da burquesia nacional.

Figura 28. Cartaz "El Primer Año". Autoria: Vicente Larrea 1971. 753x1090 mm (offset). Fonte: Cartaz Cultural. Eduardo Castillo Espinoza (2004, p. 94).

O cartaz acima (fig. 28) foi produzido para divulgar o documentário "El primer año" ("O primeiro ano"), do cineasta chileno Patrício Guzmán produzido pela Escola de Artes da Comunicação da Universidade Católica do Chile. O filme baseou-se em cenas reais e registrou a euforia e intensa mobilização dos setores populares que movimentou o país após a vitória da UP. A fotografia utilizada para ilustrar o cartaz congregou a diversidade dos atores que apoiavam e se mobilizaram pela realização da transição ao socialismo, porém sem deixar de hierarquizá-los: todas as pessoas da fotografia estão sorrindo e, assim, expressam satisfação. A frente de todos, observamos a figura masculina do operário; um pouco mais atrás, do seu lado direito, outro homem adulto, mais velho e com traços indígenas que remete à figura do camponês; também um pouco mais atrás, mas do lado esquerdo, a imagem de uma jovem mulher. A forma como os artistas gráficos centralizaram a imagem do operário sugere o reconhecimento do protagonismo desse setor social no processo de luta política e, ao mesmo tempo, seu papel como elo com o resto da sociedade.

Os cartazes abaixo foram produzidos no Ateliê dos Irmãos Larrea para divulgar um evento político (fig. 29), uma atividade social (fig.30) e uma convocatória para a mobilização da juventude (fig. 31). Apresentamo-os juntos porque, apesar de terem objetivos distintos, expõem outra concepção dos agentes revolucionários. Observemos:

Figura 29. Cartaz "Unidos Venceremos". Autoria: Vicente Larrea e Carlos Muñoz, 1972. 553x760 mm (serigrafia). Fonte: Cartaz Político. Eduardo Castillo Espinoza (2004, p. 22).

Figura 30. Cartaz: "A trabajar".Autoria: Vicente e Antonio Larrea, 1972. 770 x 1100 mm (offset). (Impressão: Quimantú. Ltda). Fonte: Cartaz Social. Eduardo Castillo Espinoza (2004, p. 54).

Figura 31. Cartaz "Por Chile y la revolución: avancemos!!". Autoria: Vicente e Antonio Larrea, 1972, 533 x 760 mm, (offset). Fonte: Cartaz Político. Eduardo Castillo Espinoza (2004, p. 29).

O cartaz de divulgação do congresso nacional da Federação Operária Nacional do Couro e do Calçado (FONACC) (fig. 29), realizado entre 31 de maio e 4 de junho de 1972, apresentou uma ilustração infantilizada de um casal adulto abraçando-se. O homem segurava uma bandeira nacional e a mulher uma ferramenta de trabalho. O ano de 1972 foi um ano de ampla resistência aos boicotes econômicos ao governo por meio do esforço de trabalhadores para manter a produtividade nos distintos campos de produção. Portanto, a relação entre a frase "Unidos Venceremos" e a ilustração do casal abraçado portando a ferramenta de trabalho e a bandeira nacional fez alusão à "pátria" como o equivalente a um casal que para enfrentar condições econômicas adversas une-se e trabalha (ferramenta) para garantir sua subsistência e, por consequência, um futuro melhor. O colorido da imagem e a expressão tranquila do homem e da mulher ampliam a ideia da possibilidade de vitória por meio do trabalho coletivo, conforme a mensagem sugeriu com a frase "Unidos Venceremos".

O cartaz intitulado "a trabajar!" (fig. 30) foi elaborado para fazer a campanha do governo pela participação nos trabalhos voluntários do verão de 1972. Na sua imagem observamos um par de passarinhos construindo harmonicamente um ninho e se entreolhando: o maior, pintado em tons de azul, corresponde ao passarinho macho e o menor pintado em rosa, amarelo e laranja, corresponde ao passarinho fêmea. A origem da ideia desta ilustração foi descrita por Vicente Larrea: "Amanheci com a imagem de que não existe melhor trabalho do que quando os passarinhos fazem seu ninho."[25] A positividade atribuída à inspiração indica que a metáfora da construção do ninho, que se refere à importância do trabalho conjunto e harmônico do casal para a construção do lar e da família, pode ser estendida a forma proposta pelo governo de envolvimento da sociedade com a construção do socialismo pela via pacífica. O colorido da imagem, a simplicidade do desenho, a escolha de animais que representam alegria e tranquilidade, ampliam a mensagem que inferimos ao cartaz.

O cartaz seguinte (fig. 31) foi elaborado para as JJCC. É composto pela fotografia de dois jovens (um homem e uma mulher) abraçados e olhando para um ponto no horizonte e a frase/convocatória "Por Chile y la revolución: Avancemos!!" ("Pelo Chile e pela Revolução: Avancemos!!"). O tratamento da imagem fotográfica demonstra um trabalho com as cores característico da estética psicodélica. Sendo assim, apesar de também recorrer à imagem de um casal e a uma frase cujo conteúdo estava de acordo com a retórica dos militantes comunistas da época, o cartaz diferencia-se dos analisados anteriormente em dois pontos fundamentais: em primeiro lugar, a expressão séria de ambos com olhares fixos para o horizonte sugere uma convicção compartilhada. A mulher, neste caso, é a companheira da luta. Em segundo, a arte psicodélica remete a uma experiência estética jovem, relacionada ao contato com as drogas e o modo de vida hippie, portanto demonstra a intenção de atingir um espectro juvenil mais amplo do que simplesmente casais de namorados tradicionais ou militantes de esquerda.

25 Trecho traduzido pela autora. (CASTILLO ESPINOZA, *Op. cit.*, 2004, p.54).

Ainda sobre o papel dos jovens vale destacar as duas imagens que seguem:

Figura 32. Cartaz "A conquistar nuestro derecho a la educación AHORA!!". Autoria: Vicente e Antonio Larrea, 1970. 508x720 mm, sistema tipográfico (cliché). Fonte: Cartaz Social. Eduardo Castillo Espinoza (2004, p. 32).

Figura 33. Cartaz "¡A trabajar por Chile!" Autoria: Vicente Larrea 1972. 540x740 mm (offset). Impressão: Quimantú Ltda. Fonte: Cartaz Social. Eduardo Castillo Espinoza (2004, p. 57).

Nestes dois últimos cartazes de campanhas sociais destacamos a presença de jovens se integrando na luta. O cartaz da Federação de Estudantes da UCHILE (FECH) (fig. 32) convocou os alunos para irem à sede da federação e se inscreverem no Movimento Universidade Para Todos (MUPT). A mensagem é composta por uma jovem estudante erguendo um livro em um sentido reivindicativo. Segundo Vicente Larrea, ele e Antônio Larrea, ao elaborarem este cartaz se inspiraram em uma foto de maio de 68 em Paris, pois a consideraram uma síntese do direito à educação.[26] A jovem mulher aparece assim como agente da luta pela conquista deste direito junto a sua organização política correspon-

26 *Ibid.*, p. 34

dente. Cabe ressaltar ainda que esta foi uma das poucas imagens em que se representou a mulher sem ser associada à família ou a um companheiro do sexo masculino.

O cartaz seguinte (fig. 33) corresponde à campanha oficial de convocação para os trabalhos voluntários. Nele, um jovem sorridente aparece carregando sacos cheios sobre os ombros e, logo acima, há uma representação de todas as esferas de produção em funcionamento no Chile: a indústria, a construção civil, a mineração, a agricultura, as exportações, a pesca, entre outros. O traçado do desenho, o colorido, a expressão do jovem e a tipografia reiteram a estética da alegria que marcou a propaganda oficial do governo entre 1970 e 1973.

Os trabalhos voluntários expressaram a concepção de que o jovem, a exemplo dos trabalhadores, deveria garantir a universalização do processo revolucionário que se desenvolvia no país, assumindo um papel de *homem novo* do período de transição. Como nas formulações dos textos de Che Guevara[27], o *homem novo* não era apenas o objetivo final da revolução, mas aquele que garantiria a persistência das transformações da sociedade na direção certa. Nesta perspectiva, a juventude deveria ser imbuída dos novos valores e transformada no agente catalizador que tinha a tarefa de suscitar as condições para a mobilização popular e universalizar a consciência socialista.

De forma geral, nos cartazes a concepção de agentes revolucionários foi mais abrangente do que nos murais das brigadas. As imagens analisadas permitem constatar que essa noção se ampliou, abarcando homens e mulheres adultos e jovens. A mulher adulta – esposa – foi integrada à luta associada ao homem – marido –, de forma que ele continuou sendo a representação do casal perante o trabalho e a pátria, da mesma forma como, tradicionalmente, se associa o papel do pai diante da família.[28] A imagem do pai ou do marido nas imagens apresentadas ligou-se, assim, à imagem do trabalhador, o protagonista da revolução, expressão da causa coletiva que todos deviam apoiar (no caso a mulher e os filhos) e se inspirar (o jovem).

A representação do jovem e sua ligação com os trabalhos voluntários marcaram as imagens dos cartazes produzidos nos dois últimos anos de governo da UP. Este período se caracterizou pela reação da oposição ao reaquecimento da economia efetivado no pri-

27 GUEVARA, *Op. cit.*

28 Sobre o valor simbólico da figura paterna, Jean Chevalier e Alain Gheerbrant afirmaram: "Em seu tratado *De l'interprétation* (Paris, 1966), Paul Ricoeur atribui a riqueza do símbolo do pai em particular ao *seu potencial de transcendência. O pai figura na simbologia menos como genitor igual a mãe do que como aquele que dá as leis (p. 520).* Ele é *fonte de instituição* (...) uma imagem da transcendência ordenada. O pai é não somente o ser que alguém quer possuir ou ter, mas também que a pessoa quer vir a ser, e de quem quer ter o mesmo valor" (PAI. In: CHEVALIER e GHEERBRANT, *Op. cit.*, p. 678).

meiro ano. Os EUA estruturaram seu bloqueio "invisível" através da redução do crédito e baixa artificial do preço do cobre no mercado internacional.[29] Simultaneamente, a direita (PN) se reorganizou, como atestou a "marcha das panelas vazias" realizada no final de 1971, e se aproximou dos setores conservadores da DC, intensificando ações de oposição como a greve das transportadoras em outubro de 1972, que paralisou o país, e a greve da maior mina de cobre do Chile, a *El Teniente*, em abril de 1973.

Tal situação tornou necessária a efetivação de medidas alternativas para realizar uma batalha pelo aumento da produção, como os trabalhos voluntários, nos quais aos jovens foi delegado um papel central. Na realidade esta tarefa já estava indicada desde o início do governo da UP e seu conteúdo pode ser apreendido no seguinte trecho do discurso de Salvador Allende proferido em 21 de dezembro de 1970 ao povo de Santiago:

> La juventud no podía ser espectadora de este gran proceso de transformación económica y social de Chile, la juventud es protagonista fundamental de esta etapa de la vida de la patria. Necesitamos, reclamamos y pedimos la energía creadora de la juventud, su lealtad revolucionaria que será puesta sin quebrantos al servicio de Chile y del pueblo. Hoy iniciamos un hecho de honda significación solidaria y humana. La juventud chilena recorrerá los valles, los campos, las aldeas, las poblaciones, llevando el mensaje redentor, la voluntad, la decisión creadora y revolucionaria del Gobierno Popular. (...).La juventud de la Unidad Popular debe ser el ejemplo en el trabajo, en el estudio, en la lealtad al pueblo y en la vocación heroica por servir a Chile por sobre todas las cosas.[30].

Em termos de medidas oficiais, neste mesmo discurso, Salvador Allende ressaltou a assinatura do decreto que criava a Secretaria Geral da Juventude com o objetivo de aumentar a participação dos jovens chilenos em projetos do governo. A Secretaria Geral da Juventude dependia da Presidência da República e devia cooperar com a formulação e a execução dos planos políticos direcionados à integração dos jovens em iniciativas como os trabalhos voluntários, a alfabetização, a divulgação e execução de medidas de difusão do programa da UP, e a formação política da população em geral. Tudo isso sempre em

29 Em discurso proferido à Assembleia das Nações Unidas, em 1972, Salvador Allende denunciou e apresentou provas que comprovavam a existência de um bloqueio econômico organizado pelos Estados Unidos contra o Chile com o apoio de multinacionais (QUIROGA, Op. cit., p. 333-357).

30 ARCHIVO SALVADOR ALLENDE. Las tareas de la juventud. Estudio-Trabajo-Compromiso. Mexico: Universidad Pedagogica Nacional, 1990, p. 13.

coordenação com as entidades estatais. Este órgão encampou diversas campanhas oficiais para as quais o Ateliê dos Irmãos Larrea realizaram cartazes.

Os inimigos da revolução nos murais

Abaixo reproduzimos dois fragmentos de murais, cujas mensagens permitem identificar as representações dos inimigos do projeto de transição ao socialismo.

Figura 34. Fragmento de um mural produzido em Santiago, em 1972. Autoria: Indefinida. Fonte: Disponível em: <http://www.abacq.net/imagineria/exp32.htm>.

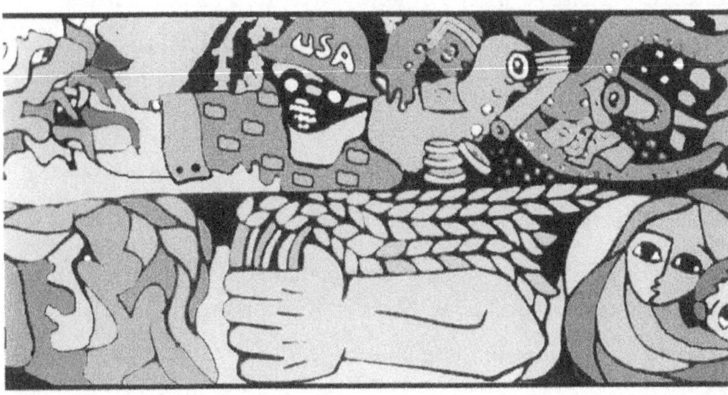

Figura 35. Fragmentos do mural intitulado "Vamos defender o governo popular". Santiago, outubro de 1972. Autoria: BRP. Fonte: Eduardo Carrasco (2004, p. 77).

O primeiro fragmento (fig. 34) é uma fotografia em preto e branco de um mural elaborado numa extensa parede. A mensagem é composta pelas seguintes imagens: um gorila; três figuras animalescas, uma delas usando uma gravata borboleta e cada uma segurando, respectivamente, um revólver, um saco de dinheiro e moedas; e uma representação demoníaca vestindo um chapéu de onde saem faixas listradas que formam longos braços e se deslocam em direção a uma multidão enfileirada. Os desenhos/símbolos que constituem a primeira parte da mensagem apresentam seus significados identificados com palavras: o gorila, descrito como "gorila"; as figuras animalescas como "burguesia"; e a figura demoníaca como "los yanques" ("os ianques"). Na segunda parte, sobre a multidão que levanta bandeiras, está escrita a seguinte frase: "Nos pueden impedir la segunda independencia" ("Podem impedir nossa segunda independência").

Iconografia e textos caracterizaram os inimigos do governo através da representação de um confronto iminente. Na parte esquerda (de quem observa) são apresentados os principais inimigos: truculência do exército (os gorilas)[31]; a "burguesia" identificada com assaltantes (figuras animalescas); e os Estados Unidos, uma "figura demoníaca" deslocando-se em direção à multidão. Mais à direita da imagem, a multidão move-se organizada e com suas bandeiras erguidas indo ao encontro daqueles que ameaçavam seus anseios pela "segunda independência".

Em síntese, o confronto sugerido pela imagem indicou três inimigos a serem derrotados pelos partidários da UP: os EUA, a burguesia e o exército chileno. É importante salientar que a inserção do exército chileno entre os inimigos contrariava o posicionamento de Salvador Allende e do PC relacionado à lealdade das Forças Armadas chilenas ao governo. Esta confiança foi reiterada, sobretudo pelo presidente, até os últimos momentos antes do desfecho do golpe militar. Portanto, a mensagem deste mural permite considerar que seus autores foram grupos políticos de esquerda críticos à manutenção da estratégia da via pacífica após o acirramento da crise política em 1972.

O final do ano de 1972, conturbado pela greve de outubro, marcou o encerramento da possibilidade de diálogo entre a UP e a DC. Uma das soluções encontradas pelo governo para solucionar a crise foi incorporar militares ao ministério do interior para garantir as eleições parlamentares. Esta medida configurou um novo fator de desentendimento entre comunistas e socialistas. Setores do PS junto ao MAPU e a IC, passaram a acusar o governo de articular um golpe junto com o PC, uma vez que os aparelhos de participação popular no poder continuavam limitados e as iniciativas independentes por parte de organizações populares eram consideradas divisionistas. Estes grupos estabeleceram, então, uma oposição cerrada ao gabinete militar.[32]

O segundo fragmento de mural (fig.35) é de autoria das BRP. Nele observam-se consensos e dissensos em relação às representações dos inimigos na mensagem anterior. A imagem abordou de forma alegórica a ameaça de um determinado inimigo ao governo da UP. Na parte superior observamos um rosto coberto por uma máscara preta e um capacete com a sigla USA (EUA em inglês). O rosto mascarado compõe um todo disforme,

31 A relação entre a imagem do gorila e os exércitos refere-se à truculência das forças armadas quando são convocados para garantir a manutenção da ordem. Esta associação era comum entre os movimentos de esquerda da época. A canção *Zamba del "Che"*, composta por Victor Jara após uma visita à Cuba nos anos sessenta, apresenta uma comparação entre a brutalidades dos gorilas e das forças armadas.

32 QUIROGA, op.cit., p. 39.

uma espécie de monstro, de onde saem tentáculos que envolvem dinheiro (em notas e em moedas) e objetos que lembram canos de armas de fogo e de onde sai um braço que puxa pelos cabelos uma figura humana com expressão de desespero.[33] As cores predominantes nesta parte da imagem são o verde e o preto, cores características das fardas do exército. Estas, se relacionadas com a sigla "USA" e a máscara, identificam o monstro com as intervenções militares estadunidenses pelo mundo, sobretudo na guerra do Vietnã onde usou armas químicas (daí a representação do monstro com máscara).

Na parte inferior da mensagem, um homem, similar ao que estava sendo puxado na parte superior, desloca-se com uma expressão reivindicativa, levando ramos de trigo na sua mão esquerda e é acompanhado por uma mulher que carrega uma criança. Observa-se uma composição que utiliza cores quentes (amarelo) e frias (azul, branco) e os símbolos recorrentes nas mensagens das BRP (o trigo e a mãe com o filho), para representar um processo político que se desenvolvia de forma decidida (expressão e movimento masculino) em direção à conquista de um futuro harmonioso, fértil, próspero (trigo carregado pelo homem e imagem da mãe com o filho). No entanto, esse processo convive com a ameaça constante de um ataque covarde de forças violentas (o homem é segurado pelos cabelos e por trás pelo monstro com tentáculos) e representativas dos interesses imperialistas estadunidenses que atuavam de forma destruidora pelo mundo.

Com esse mural, as BRP colocaram o imperialismo estadunidense como principal inimigo do projeto de transição ao socialismo no Chile, desvinculando a crise que se instaurou no país após a vitória de Salvador Allende, das articulações entre elites econômicas locais, grupos políticos conservadores de direita e setores das Forças Armadas.

Os inimigos da revolução nos cartazes

As representações criadas pela ou para a esquerda chilena nos cartazes de propaganda também denunciaram a burguesia nacional, o imperialismo estadunidense e a articulação do golpe, como principais inimigos da revolução. Porém, suas mensagens apresentaram uma simbologia mais diversificada e, assim, trouxeram à tona outros atores, referências e acontecimentos presentes nas disputas políticas que marcaram o período.

33 Os tentáculos que remetem à figura do polvo ampliam o valor negativo da representação do inimigo, tendo em vista que este "animal disforme e tentacular, é uma representação significativa dos monstros que simbolizam habitualmente os espíritos infernais, até o próprio inferno" (POLVO. In: CHEVALIER e GHEERBRANT, *Op. cit.*, p. 728).

Figura 36. Cartaz: "Los patriotas chilenos no aceptamos los insultos del Mercúrio", 1971. Autoria: Unidad Popular. Fonte: Disponível em: <http://www.abacq.net/imagineria/exp04.htm>.

Figura 37. Cartaz: "Go-home". Autoria: Revista Ramona. Fonte: Disponível em: <http://www.abacq.net/imagineria/exp05.htm>.

Figura 38. Cartaz ¿Porqué?. Autoria: Vicente e Antonio Larrea, 1971. 535x765 mm, (offset). Fonte: Cartaz Político. Eduardo Castillo Espinoza (2004, p. 12).

Os cartazes acima (figs. 36, 37 e 38) identificam os adversários do governo de Salvador Allende de maneiras distintas. O primeiro (fig. 36), um cartaz da UP criado em 1971, expressou uma reação do governo às recorrentes críticas do jornal *El Mercúrio*. Este veículo de comunicação existe até os dias de hoje e é um reconhecido porta-voz do pensamento político da direita chilena. No cartaz, a frase "Los patriotas chilenos NO ACEPTAMOS los insultos del Mercúrio" ("Nós, patriotas chilenos, NÃO ACEITAMOS os insultos do El Mercúrio"), com destaque ao "NO ACEPTAMOS" e a mão fazendo um sinal de impedimento, demonstrou a reação aberta do governo frente a contrapropaganda da oposição. Ainda que a imagem não explicite o conteúdo dos ataques do jornal, é importante lembrar que 1971 foi o ano da nacionalização do cobre, uma das medidas econômicas iniciais do governo que gerou grande impacto nos interesses econômicos das elites nacionais e dos grupos internacionais que investiam no Chile.

Em seguida, observamos um cartaz da JJCC (fig. 37) retirado da revista comunista *Ramona*. Sua mensagem é constituída pela imagem de uma garrafa de Coca-Cola sendo chutada por um jovem e a expressão em inglês "Go-Home" ("Vá para casa"), escrita no mesmo padrão gráfico da marca de refrigerante considerada símbolo do capitalismo estadunidense. A arte gráfica recorreu à fotomontagem e à metonímia para enfatizar o sentido anti-imperialista do programa da UP. O cartaz das JJCC direcionou sua mensagem aos jovens, apresentando-lhes os valores capitalistas representados pelo refrigerante como inimigos da revolução. A associação observada na mensagem entre o discurso anticapitalista e a juventude reiterava a preocupação da direção das JJCC, declaradas no XIV Congresso do PC, quando Gladys Marin ressaltou a necessidade do partido se dirigir aos jovens, pois os consideravam o setor social mais vulnerável à propagada do modo de vida estadunidense.

O terceiro cartaz (fig. 38) foi elaborado para divulgar o primeiro "Encontro Latino-Americano de solidariedade com os povos do Vietnã, Laos e Camboja" realizado em Santiago entre 31 de agosto e 3 de setembro de 1971. O evento estava de acordo com a política internacional da UP que previa a valorização de vínculos de amizade e solidariedade com povos que lutavam pela independência política e econômica.[34]

A mensagem (fig. 38) parte da seguinte frase: "POR QUE? La juventud latino y norteamericana acusa al imperialismo: solidariedad con Vietnam Laos y Camboya" ("POR QUÊ? A juventude latino e norte-americana acusa o imperialismo: solidariedade com Vietnã Laos e Camboja"). Logo abaixo, com o recurso técnico da fotomontagem, o texto dialoga com a imagem de uma criança oriental, vestida com trapos e descalça, agachada atrás de uma cerca de arame e olhando tristemente para o espectador que estaria do outro lado da cerca. O tratamento da imagem fez com que o contraste entre a cor escura do fundo, a cerca de arame em preto e a pele pálida da criança levasse à percepção da vulnerabilidade da criança frente a uma situação de violência e abandono.

A relação entre o questionamento presente na frase e a imagem do cartaz evidenciam os efeitos da Guerra do Vietnã nas regiões mais afetadas do sudeste asiático e colocou em xeque as motivações da interferência militar dos EUA na região. A criança aprisionada e triste sob uma penumbra, enfatizou o caráter desumano, brutal da guerra e o retrocesso social que isso representava. O cartaz dos Irmãos Larrea corroborou assim com o discurso visual das esquerdas de que as ambições imperialistas dos EUA tornavam este país uma força inimiga, pois seus interesses políticos e econômicos impediam o progresso e o desenvolvimento de sociedades que lutavam por liberdade e soberania orientadas por um projeto socialista.

Vale ressaltar que a resistência vietnamita na guerra representou uma esperança para os movimentos revolucionários de cunho socialista do mundo inteiro. No contexto da *experiência chilena*, o Vietnã foi considerado pelas organizações de esquerda e nos

---

34 PROGRAMA DE LA UNIDAD POPULAR, *Op. cit.*, p. 45.

discursos do presidente Salvador Allende a expressão legítima da resistência de um povo contra a dominação imperialista.

Figura: 39. Cartaz: "NO al crimen político". Autoria: José Balmes. Fonte: Disponível em: <http://www.abacq.net/imagineria/exp13.htm>.

Figura: 40. Cartaz: "NO a la sedición". Autoria: José Balmes. Fonte: Disponível em: <http://www.abacq.net/imagineria/exp13.htm>.

Os cartazes (figs. 39 e 40) acima foram produzidos nos últimos meses de governo de Salvador Allende e registraram a iminência do golpe militar. O autor das mensagens foi o artista plástico espanhol José Balmes que vivia exilado no Chile desde a Guerra Civil Espanhola (1936-1939). Os símbolos utilizados para representar a presença de intenções sediciosas no Chile se diferenciaram bastante do observado na maior parte dos cartazes de propaganda: nos dois cartazes o artista combinou uma afirmação negativa "NO al crimen político" ("Não ao crime político") e "NO a la sedición" ("Não à sedição") com a representação de armas de fogo. No entanto, a relação entre texto e imagem permite interpretações distintas das mensagens.

No primeiro (fig. 39), o fato da palavra "NO", escrita em vermelho, ter sido sobreposta à arma, e o complemento, "a la sedición", aparecer logo abaixo, na parte branca do cartaz, permitiu a seguinte interpretação: a arma de fogo representava as intenções sediciosas dos inimigos que precisavam ser combatidos. Por isso a sobreposição da palavra "NO" em relação a arma.

No segundo cartaz (fig.40), a denúncia do inimigo se confunde com a defesa do governo popular e possibilitou duas interpretações baseadas na ambiguidade gerada pela representação da arma apontada para a frase "NO al crimen político. Defendamos al gobierno popular" ("NÃO ao crime político. Defendamos o governo popular"). A arma na posição de disparo pode indicar, por um lado, uma referência direta à conspiração militar que se manifestava abertamente e que abriu fogo, literalmente, contra o palácio do governo e seus defensores. Referimo-nos aqui aos assaltos, incêndios, atos de sabotagens, atentados e, especialmente, à tentativa de golpe militar, ocorrida em 29 de junho de 1973 e conhecida como "Tancazo". Este foi orquestrado logo após os resultados das eleições parlamentares de março de 1973, que confirmaram a ampliação do apoio eleitoral ao governo.

O "Tancazo" merece destaque porque tornou explícita a divisão no interior das Forças Armadas. As facções sediciosas do exército, mesmo após a derrota de junho, obtiveram apoio estratégico e financeiro dos EUA. Em seguida afastaram o setor legalista das posições de poder internas e organizaram a ação final que culminou no golpe de 11 de setembro de 1973.

Mas o cartaz (fig. 40) permite ainda considerar uma possível apologia à via insurrecional de acesso ao poder. O fato do texto que compõe a mensagem denunciar os crimes políticos e, simultaneamente, convocar para a defesa do governo, também permite interpretar que a arma em posição de disparo poderia estar a serviço da defesa do governo e não contra ele. Essa possibilidade condiz com o acirramento e a violência das ações de desobediência civil da oposição descritos acima e também com a persistência da defesa da via insurreicional entre os grupos de esquerda que consideravam inviável a consolidação da transição ao socialismo pela via pacífica. Essa segunda possibilidade interpretativa será aprofundada no ponto a seguir.

As armas de luta: o permanente debate sobre a via revolucionária

Definidos os "agentes" e os "inimigos" do processo revolucionário chileno cabe, por fim, analisarmos como a propaganda visual da esquerda chilena representou as "armas de luta" consideradas adequadas para realizar a transição ao socialismo no país. Conforme demonstraremos, este aspecto foi o que melhor explicitou a permanente dificuldade do governo para legitimar a via pacífica como fator de unidade entre os integrantes da UP e seus defensores.

As armas de luta nos murais

Nos murais produzidos pelas BRP e BEC, a caracterização das "armas" que deveriam ser empregadas na luta política do governo explicitou diferentes interpretações e posturas das brigadas em torno de duas questões fundamentais: o reconhecimento da estratégia de luta política defendida pelo governo e o sentido cultural mais amplos das suas práticas muralistas.

Figura 41. Mural produzido em Santiago, 1970. Sua localização é desconhecida. Autoria: BRP. Fonte: Disponível em: <http://www.colectivobrp.cl>

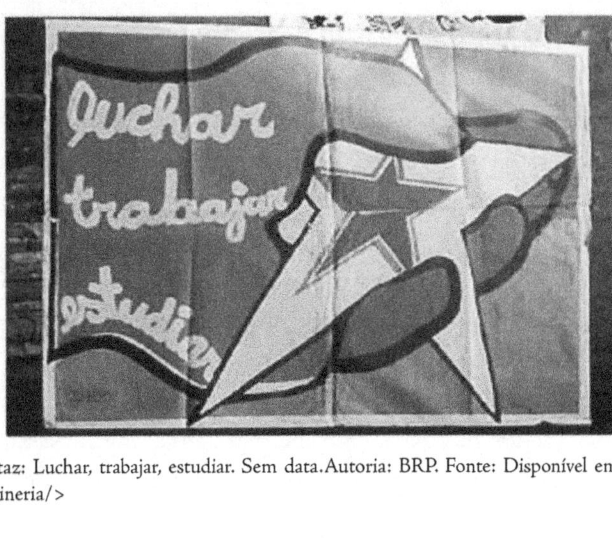

Figura 42. Cartaz: Luchar, trabajar, estudiar. Sem data.Autoria: BRP. Fonte: Disponível em: <http://www.abacq.net/imagineria/>

Figura 43. Mural produzido em Santiago, 1972. Autoria: BRP. Fonte: Disponível em: <http://www.abacq.net/imagineria/>

Figura 44. Fragmentos do mural intitulado "Adelante!", 1972. Sem localização definida. Autoria: BRP Fonte: Eduardo Carrasco (2004, p. 44).

As quatro imagens acima foram produzidas pelas BRP. As duas primeiras (figs. 41 e 42) correspondem, respectivamente, a um mural e a um cartaz das BRP. Inserimos, excepcionalmente, a análise de um cartaz junto aos murais, porque sua mensagem sintetiza as concepções políticas e culturais que gradualmente revelaram-se norteadoras do muralismo das BRP.

O mural (fig. 41) com a frase "El arte para el pueblo" (A arte para o povo") foi produzido no dia 5 de setembro de 1970, um dia depois da vitória eleitoral de Salvador Allende. A representação composta pelo texto e alguns dos símbolos das BRP – a imagem do rosto de uma mulher, a mão esquerda erguida e aberta, e a estrela – expressa a disposição de incentivar projetos que contribuam para a superação do distanciamento sociocultural entre as elites e os setores populares. Essa proposta, desenvolvida no panfleto de 1971, confirma a disposição das BRP para, imediatamente após a vitória, fazer da experiência propagandista eleitoral um projeto cultural de democratização do acesso às artes plásticas.

A imagem do cartaz (fig. 42) tem como tema a mão que segura uma estrela e no pulso dessa mão encontram-se escritas três palavras de forte significado político e cultural: lutar, trabalhar, estudar. A mão esquerda, segurando a estrela, representava os jovens das BRP que apoiavam a transição ao socialismo no Chile baseada em estratégias de luta coerentes com a via pacífica: a *propaganda* nos muros; o *trabalho* voluntário para aumentar a produção, garantir o crescimento econômico do país e obter conhecimento técnico; e o *estudo* para que, no futuro, estivessem aptos intelectual e tecnicamente para administrar a nova sociedade. A representação da estrela sustentada por uma base que conjuga luta, trabalho e estudo demonstrou a proximidade da simbologia das BRP com os objetivos político-culturais do programa da UP. Neste, conforme explicado anteriormente, cultura e educação estavam juntas, a teoria não poderia estar desvinculada da prática e a democratização da cultura era uma pré-condição para a formação do *homem novo* chileno.

O fragmento seguinte (fig. 43) representa o esforço dos trabalhadores para manter os setores produtivos da economia do país funcionado e, assim, superar as perdas geradas por boicotes econômicos realizados por opositores do governo. A mensagem se constituiu a partir de uma representação do esforço produtivo, onde o braço e a mão correspondiam ao ato de trabalhar e as cabeças ao papel diretivo que os trabalhadores exerciam naquele processo (como "agentes revolucionários"). A arma, nesse sentido, seria o trabalho integral e incansável dos agentes revolucionários para manter os principais setores econômicos funcionando. O colorido da imagem deu destaque às cores da bandeira nacional, associado-a com a estrela (símbolo da vitória) e os traços andinos dos rostos que conduzem o processo. Com isso, reafirmou-se a ideia de que a condução da luta política pela transição ao socialismo no Chile se desenvolveria por meio de um processo coletivo, contínuo, harmonioso e pacífico.

Nessa mensagem, o recurso à lateralidade da representação foi central: dois grandes rostos conduzem com as próprias mãos as fábricas (simbolizadas por chaminés e um cano despejando produtos em um tanque), os produtos armazenados e as ferramentas de trabalho. Mas se completou com a frontalidade de um rosto feminino que sublinhou o sentido audacioso e, ao mesmo tempo, seguro e franco da mensagem do mural.

A sensação de deslocamento proporcionada pela lateralidade foi retomada no mural seguinte (fig. 44), no qual observamos o contorno de duplas de pessoas com os braços erguidos e levando bandeiras chilenas. As pessoas, pintadas em diferentes cores, constituíram a simulação de uma mobilização bastante plural. Este mural, de 1972, foi intitulado "Adelante!" ("Avante!") e sintetizou o esforço das BRP para incentivar a mobilização massiva nas ruas como forma de apoio ao governo. A esse respeito Eduardo Carrasco comentou que "a necessidade de avançar, apesar das dificuldades, fez com que 'ADELANTE!' se tornasse uma palavra de ordem pintada nos inúmeros muros do Chile."[35]

No conjunto, os murais das BRP identificaram na democratização da cultura (figs. 41 e 42), no trabalho pela "batalha da produção" (fig. 43) e na ampla mobilização popular em defesa do governo (fig.44), as principais armas de luta a serem utilizadas para garantir a transição ao socialismo de acordo com o projeto da UP.

Nos murais da BEC as representações das armas de luta assumiram outras formas.

Figura 45. Mural sem título, nem localização, nem data conhecidos. Autoria: BEC. Fonte: Disponível em: <http://www.abacq.net/imagineria/exp19a.htm>.

Figura 46. Mural intitulado "Trabajadores al Poder", 1971. Autoria: BEC. Fonte: Disponível em: <http://www.abacq.net/imagineria/exp19a.htm>.

Na imagem do tabuleiro de xadrez (fig. 45) encontra-se uma clara referência à ideia de confronto. Este é estruturado na forma de um jogo que, naquele contexto, reme-

35 CARRASCO, *Op. cit.*, p. 44.

tia aos boicotes políticos enfrentados pelo governo. A imagem representou um embate entre uma única peça valiosa do jogo de xadrez e outras menos valiosas (os peões), mas em maior número. Mesmo nesta relação assimétrica, o confronto gerou um desequilíbrio geral. A utilização do jogo de xadrez como forma de expressar um conflito é de grande significado simbólico, pois representa uma estratégia guerreira, de combate e tentativa de domínio do adversário.[36]

O tabuleiro de xadrez representava o Chile, país onde os trabalhadores organizados (no caso peões) jogavam contra o capitalismo, o imperialismo estadunidense ou as classes dominantes chilenas, representadas pela peça de maior valor, que entra em choque com os peões. Estes estão unidos contra ela e a partida não está definida na imagem. No entanto, a representação de pássaros brancos levantando voo, logo atrás dos últimos peões, ao fundo da imagem, sugere uma provável referências às pombas brancas (símbolos da paz e símbolo recorrente dos murais das BRP). Na representação, o voo dos pássaros resulta da desestabilização gerada pelo confronto entre as peças do jogo e, assim, explicita o posicionamento das BEC sobre a situação política do Chile: a impossibilidade de manutenção da estratégia da via pacífica diante da radicalização da luta política.

Enquanto a mensagem da figura 45 apresentou um diagnóstico de uma tensão política irreversível e a necessidade de uma mudança estratégica, as imagens seguintes apontaram objetivamente as armas a serem utilizadas.

No mural intitulado "Trabajadores al poder" (Trabalhadores ao Poder) (fig. 46), aparece de forma alegórica a situação de conflito e a ela são agregados outros símbolos significativos. Ao reunir a imagem de um operário à de uma mão que empunha uma ferramenta de trabalho, com o mesmo destaque proporcionado à representação da arma de fogo e da bandeira do Chile, a pintura coloca o recurso da luta armada como uma possibilidade a ser considerada no processo revolucionário chileno. Mas não o único, pois a arma do trabalho (ferramenta) está colocada em igualdade de condição. Esta ideia se reforça quando constatamos que, entre todos estes símbolos, no lado direito, há uma figura, em primeiro plano, de um homem de barba (como os guerrilheiros da Sierra Maestra que

36 É preciso considerar, no importante simbolismo do jogo de xadrez, de um lado, o jogo propriamente dito, e de outro, o tabuleiro sobre o qual ele se desenrola. O simbolismo deste jogo, originário da índia, liga-se claramente ao da estratégia guerreira (...). O Desenrolar do jogo é um *combate* entre peças negras e peças brancas, entre a sombra e a luz, entre os titãs (asura) e os Deuses (deva). (...). Porque o tabuleiro é uma representação do mundo manifestado, tecido de sombra e de luz, em que se alternam e equilibram o yin e o yang. (...). O tabuleiro é, portanto, *o campo de ação das potências cósmicas* (Burckhardt), campo que é o da terra (quadrada), limitada nos seus quatro orientes. (...). O Tabuleiro de xadrez simboliza a tomada de controle, não só sobre o adversário e sobre um território, mas também sobre si mesmo, sobre o próprio eu, porquanto a divisão interior. (CHEVALIER e GHEERBRANT, *Op. cit.*, p.966-967).

tomaram o poder em Cuba)[37] e, em seguida, na outra face do mural, aparece a imagem de um grande punho fechado – representação metonímica das reivindicações populares – sobre o título. Entre as alegorias, a mulher também recebeu destaque no mural das BEC (fig. 46) como um símbolo relacionado à futura sociedade, pois as duas imagens femininas observadas na representação aparecem associadas à geração do homem novo.

Os murais das BEC expressaram a valorização do trabalho como arma de luta, porém, deixando claro que esta não deveria ser a única. Novamente, o viés *rupturista* de setores do PS colocou em questão a estratégia pacífica e fez apologia à via insurrecional como garantia da consolidação da transição ao socialismo no Chile.

Em síntese, as representações das "armas de luta" identificadas nos murais das duas brigadas levaram para o espaço público os impasses do governo para manter uma unidade de ação. Nelas observamos a permanência da dualidade de estratégias do PC e do PS que marcaram suas condutas até o último ano de governo, impediram a unidade da coalizão e dificultaram as tomadas de decisão.

As armas de luta nos cartazes

Os cartazes abaixo expressam a pluralidade de interpretações a respeito das "armas de luta" revolucionária consideradas eficazes para garantir a continuidade do projeto da UP.

Figura 47. Cartaz: "Chile trabaja por Chile". Autoria: Vicente e Antonio Larrea, 1972. 580x760 mm (offset). Fonte: Cartaz Social. Eduardo Castillo Espinoza (2004, p. 38).

37 A forma como os revolucionários cubanos tornaram a barba também um símbolo da revolução é tratada por Jean Paul Sartre no seu livro "Furacão sobre Cuba" (Rio de Janeiro: Editora do Autor, 1960).

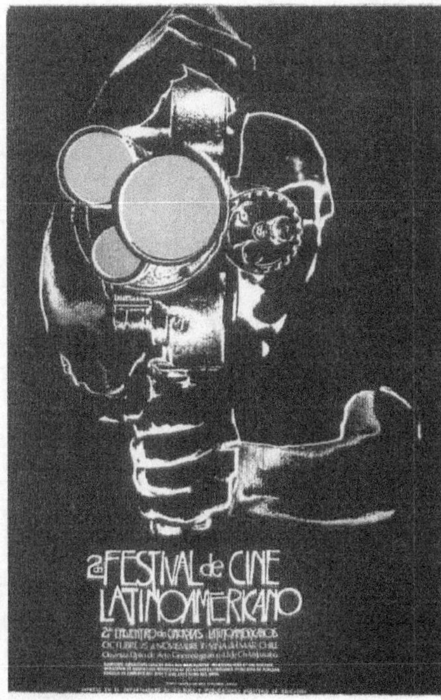

Figura 48. Cartaz "Chile lo recibe en triunfo" Autoria: Vicente e Antonio Larrea, 1972. 537x745 mm (offset). Fonte: Cartaz Político. Eduardo Castillo Espinoza (2004, p. 13).

Figura 49. Cartaz "2° Festival de Cine Latinoamericano". Autoria: Vicente e Antonio Larrea, 1970, 335 x 540 mm, offset. Fonte: Cartaz Cultural. Eduardo Castillo Espinoza (2004 p. 103). Impresso no Departamento de Cultura e Publicações do Ministério da Educação.

Figura 50. Cartaz: "Voto + Fusil". Autoria: Vicente e Antonio Larrea, 1972. 740 x 1090 mm (offset). Fonte: Cartaz Cultural. Eduardo Castillo Espinoza (2004 p. 85)

O primeiro cartaz (fig. 47) foi elaborado para o governo e corresponde à comemoração do segundo dia nacional do trabalho voluntário. A mensagem recorre a um discurso metonímico e apresenta como tema central a mão esquerda segurando uma pá. O punho largo e a mão grande expressam força e remetem ao tradicional símbolo de luta das esquerdas, porém, neste caso, a força está associada à sustentação de um instrumento de trabalho braçal (a pá) elaborado com as cores da bandeira nacional chilena. Ao lado direito observamos o desenho de uma multidão que carrega bandeiras e ferramentas de trabalho com uma postura reivindicativa. A mensagem do cartaz se completa com a frase "Chile trabaja por Chile!!" ("O Chile trabalha pelo Chile!!"). O texto e a representação iconográfica do cartaz oficial sintetizaram, de forma direta e simples, as duas principais "armas de luta" que deveriam ser utilizadas para defender o governo: o trabalho e a mobilização social.

A imagem do cartaz seguinte (fig. 48) é uma convocatória para a mobilização em comemoração ao segundo aniversário da vitória da UP, a frase "Chile lo recibe en triunfo. Ecuador, Colômbia, Peru lo aclamaron..!" (Chile o recebe com triunfo. Equador, Colômbia, Peru o aclamaram..!") é associada à imagem do presidente Salvador Allende, em primeiro plano, reunido a uma multidão composta por homens, mulheres e crianças, em segundo plano, e todos acenam em direção ao espectador. A mensagem do cartaz, além de reforçar a ideia de apoio popular ao governo, ressaltou o sentido latino-americanista do projeto. Cabe destacar que, no final de 1971, Salvador Allende, viajou por diferentes países latino-americanos com o intuito de, através da implementação de uma política de pluralismo nas relações internacionais, superar o bloqueio econômico internacional que se estruturava contra o Chile.[38]

As representações das "armas de luta" nos cartazes oficiais reiteraram a harmonia e a alegria esperados de um processo político que considerava possível consolidar a transição ao socialismo no Chile por meio do trabalho e da mobilização social massiva e pacífica nas ruas. No entanto, esta percepção foi constantemente colocada em questão por cartazes realizados para divulgar eventos ou produções incentivados pelo governo, mas desvinculados das suas propagandas oficiais. Neste caso, os exemplos mais emblemáticos foram os cartazes culturais, também produzidos no ateliê dos Larrea.

O cartaz de divulgação do 2° Festival de Cine Latino-Americano e do 2° Encontro de Cineastas Latino-americanos (fig. 49), previsto para ser realizado de 25 de outubro a 1° de novembro de 1970, na cidade de Viña del Mar, divulgou o evento por meio da imagem de um cinegrafista apontando a luz da filmadora para o observador, como se fosse uma arma de fogo. A posição frontal da câmera/arma constituiu uma representação da produção cinematográfica latino-americana como um instrumento de revelação, de denúncia, enfim, uma "arma" a favor da conscientização e mobilização política e cultural para transformar a realidade vivida no continente.

Na pesquisa não obtivemos registros precisos a respeito da realização do 2° Festival de Cine Latinoamericano.[39] Mas a mensagem permitiu a relação com festivais anteriores que atestaram o envolvimento dos produtores cinematográficos chilenos com um movimento mais amplo de cineastas latino-americanos, cuja proposta valorizou uma produção cinematográfica, documental e ficcional, realizada na América Latina, desde o final da década de sessenta, e de forte teor político e social.[40] Portanto, a mensagem do

---

38 QUIROGA, *Op. cit.*, p. 30.

39 Consultamos diferentes artigos que abordam os festivais de cinema e encontros de cineastas latino-americanos realizados nas décadas de sessenta e setenta, mas, em nenhum deles o *2º Festival de Cine Latinoamericano de Viña del Mar* foi abordado. O texto de Ignacio del Valle Dávila, por exemplo, analisou apenas os Festivais de 1967 e 1969. (VALLE DÁVILA, I. O conceito de "novidade" no projeto do Nuevo Cine Latinoamericano. *Estudos Históricos*. Rio de Janeiro, vol. 26, nº 51, p. 173-192, janeiro-junho de 2013)

40 Os Festivais de Cinema Latino-americano de Viña del Mar tiveram início em 1967, no contexto de uma série de iniciativas de aproximação dos cineastas do continente apoiadas por distintas correntes de esquerda. O propósito era proporcionar uma orientação comum ao cinema latino-americano, mas sem perder a dimensão nacional das produções. De forma geral, "nos filmes e nas reflexões teóricas dos cineastas implicados nesse projeto de descolonização cultural estabeleceram-se estratégias subversivas de produção, distribuição e exibição que buscaram desequilibrar, a seu favor, as relações de poder no campo cinematográfico,

cartaz demonstrou o reconhecimento da relevância do comprometimento político dos cineastas e das obras divulgadas em eventos dessa natureza. Posição coerente com o propósito político-cultural das esquerdas chilenas de tornar as diversas formas de manifestações artísticas um suporte para a conscientização e mobilização política da sociedade em torno da construção do socialismo.

A imagem seguinte (fig. 50) referente ao filme "Voto + Fusil" do cineasta Helvio Soto, elaborada no ano de 1972, expressa uma problematização de questões chaves do processo chileno. Observamos a imagem de meio corpo de um homem jovem com a pele pintada em diferentes cores e pendurado de ponta cabeça com um ar mórbido na face. No lado direito desta representação observamos a imagem de ícones políticos e artísticos relacionados ao movimento comunista internacional como Marx, Lênin, Stalin, Ho Chi Min, Mao Tse Tung, Che Guevara, Fidel Castro, Salvador Allende, Violeta Parra entre outros, e ainda, abaixo de todos, a imagem da criança do cartaz da campanha eleitoral da UP (fig. 20) e, ao seu lado, a figura de um Tio Sam despencando. Do lado esquerdo do corpo do homem, observamos uma multidão agitada de pessoas das camadas populares, de diferentes etnias e correspondentes a diferentes movimentos revolucionários. Dentre elas, aparece a figura do revolucionário mexicano Emiliano Zapata e se repete a imagem de Fidel Castro.

A figura do homem colorido agonizando entre estes dois conjuntos de pessoas permite uma relação com a dificuldade do governo da UP para tornar a via pacífica um elemento de unidade entre os diferentes grupos sociais e políticos que apoiavam a transição ao socialismo no Chile. O colorido e o tratamento das cores remetem ao otimismo e a harmonia das mensagens de propaganda oficial e do PC. Portanto, a localização do homem entre os formuladores, seguidores e símbolos dos projetos revolucionários que visavam superar o capitalismo (Tio Sam despencando), de um lado, e a multidão mobilizada em torno de alguns líderes, do outro, mostra a encruzilhada em que se encontrava a UP. A somatória proposta abaixo da iconografia com a ligação entre as palavras "Voto" e "Fusil" pelo símbolo "+" (mais) completou a mensagem e sintetizou o dilema do governo (representado pelo homem de ponta-cabeça): a incapacidade de tornar a via pacífica o principal elemento de unidade entre suas bases de apoio.

Na imagem (fig. 50), a via pacífica aparece como uma opção revolucionária nascida do debate teórico de pensadores e líderes marxistas, mas que não fazia parte da cultura política dos segmentos populares e de certas organizações políticas de esquerda com

onde o modelo hollywoodiano detinha uma posição hegemônica. Esse processo estava atrelado a um posicionamento em prol de uma revolução política, que os cineastas procuraram acompanhar e potencializar com suas obras." *Ibid.*, p. 173.

disposição para defender o governo da UP. Estas, inseridas nos sindicatos, nas mobilizações, no enfrentamento direto nas ruas, como mostra o lado esquerdo da figura, clamavam por uma ação mais imediata, identificada no exemplo de figuras relacionadas à via insurrecional (Emiliano Zapata e Fidel Castro).

Em outras palavras, a imagem sintetizou o descompasso que se estabeleceu gradualmente entre o governo e os movimentos populares que se mobilizaram em torno do programa da UP. Tais movimentos constituíram organizações autônomas que defendiam a instauração imediata de um governo de poder popular. Conforme ressaltou Carlos Altamirano, foram organizações formadas inicialmente para exercer "funções de colaboração e controle sobre os organismos do governo. Porém, mais tarde, transformaram-se em instrumento de poder autônomo, ganhando força e influência dentro do processo".[41]

A proposta de *poder popular* foi apoiada pelo MIR e segmentos da UP (frações do PS, MAPU e IC) que começavam a intensificar sua pressão por uma mudança da via revolucionária, enquanto o PC se mantinha ao lado de Salvador Allende na busca de uma saída negociada pela via parlamentar com a DC. Tal situação ficou mais evidente à medida que a agitação política e o enfrentamento social aumentou, sobretudo no último ano de governo. Desde 1972 até o golpe em 11 de setembro de 1973, foram constantes as situações de desobediência civil estimuladas pelas organizações de direita e pelo MIR, muitas vezes apoiado por frações do PS.

Tanto a figura 49 quanto a 50, substituíram as representações harmônicas e diretas da propaganda oficial pela expressão sugestiva da situação de confronto e polarização que marcou o governo de Salvador Allende. Desta maneira, as questões suscitadas pelos cartazes culturais diferiram bastante das mensagens oficiais também produzidas no Ateliê dos Irmãos Larrea. Nos cartazes culturais da experiência chilena, a recorrente utilização de figuras de linguagem como a metáfora e a metonímia permite uma aproximação com os cartazes culturais cubanos que se diferiam das mensagens oficiais por elaborarem representações baseadas em recursos estilísticos mais sofisticados.

Dessa maneira, assim como nos murais, os cartazes, ao definirem as "armas de luta" para enfrentar o inimigo, apontaram para a constante oscilação entre as estratégias revolucionárias, confirmando a permanência desse debate até o desfecho da *experiência chilena*.

41 ALTAMIRANO op. ci., p. 101.

Considerações finais

Estudar a história da *experiência chilena* a partir das imagens de propaganda produzidas com o apoio dos partidos de esquerda e do governo, nos permitiu resgatar aspectos da mobilização política e cultural do período que revelaram não somente as condições da sua produção, mas os objetivos dos produtores de imaginários de efeitos pedagógicos. As brigadas muralistas e os artistas gráficos, através das mensagens de propaganda criadas para obter apoio ao projeto de transição ao socialismo no Chile, permitiram constatar que o imaginário revolucionário que orientou as ações artísticas constituiu-se de representações reveladoras dos conflitos entre seus produtores.

As brigadas muralistas estabeleceram uma combinação entre arte e propaganda que expressou uma intenção de mudança de valores em direção ao socialismo desde o momento da elaboração até a finalização da mensagem mural. As imagens, tanto das BRP quanto das BEC, através da representação de personagens coletivos, se orientaram por dois valores fundamentais para a consolidação de uma cultura política socialista: a adesão à luta dos trabalhadores, expressa nas roupas utilizadas pelos brigadistas, e o trabalho coletivo representado na sua organização em brigadas e nas imagens dos murais.

As brigadas muralistas representaram também a disposição dos militantes das juventudes de esquerda em participar do processo de construção do socialismo no Chile utilizando todas as frentes de luta, dentre as quais se inseriram as artes visuais. Elas se inspiraram no legado do movimento muralista mexicano e o adaptaram às contingências do movimento revolucionário chileno.

Nos murais das BRP, observamos que as representações do masculino e do feminino se diferenciam. Enquanto os trabalhadores (homens) ganharam destaque como protagonistas principais do processo de mudança, a figura feminina, presente na grande maioria das pinturas, apareceu como uma alegoria, ligada às representações da nova sociedade, geradora do *homem novo* do futuro relacionado ao socialismo. Esta forma de representação, por um lado é condizente com a política afirmada no XIV Congresso do PC chileno, realizado em 1969, no qual se ressaltou a necessidade das mulheres comunistas intensificarem sua atuação nos Centros de Mães. Mas, por outro lado, deveria, conforme demonstramos, homenagear a imagem revolucionária da "mártir" comunista que deu nome à brigada. Ramona Parra era a expressão da integração e entrega dos jovens e das mulheres na luta política ao lado dos trabalhadores, o que revela uma contradição entre a representação das BRP sobre o papel feminino e o significado atribuído à trajetória da militante que sua denominação procurava homenagear.

Outro fator importante a ser destacado é o fato de que as pinturas murais das BRP, no conjunto, mostram os símbolos do PC (a foice e o martelo), junto com imagens referentes à paz, como flores e pombas. Trazendo assim à tona um dos princípios que indicou a via pacífica como uma possibilidade no XX Congresso do Partido Comunista Soviético, realizado em 1956: a questão da paz internacional.

Nas imagens das BEC, os trabalhadores também foram valorizados, no entanto, sua simbologia centrou-se, basicamente, em alguns símbolos tradicionais da esquerda, como o punho fechado e imagens de Che Guevara. Neste caso, houve coerência entre o nome escolhido para a brigada – Elmo Catalán – que homenageava um guerrilheiro chileno que morreu lutando na Bolívia, e as imagens expressas em seus murais, pois em todos eles, as diferentes formas de linguagem mencionavam o confronto violento, o que condizia com a insistência de setores do PS pela mudança da via política de chegada ao poder pelos trabalhadores, ou seja, a via insurrecional.

A recorrente reprodução da imagem de Che Guevara caracterizou os murais da BEC que, ao invés de exaltar o trabalhador – personagem coletivo e anônimo – enfatizaram a imagem do herói latino-americano e deixaram clara a opção pela luta armada ao invés do caminho pacífico defendido pelo PC e pelo governo.

Os desenhistas gráficos do Ateliê dos Irmãos Larrea, que encontraram espaço de desenvolvimento profissional a partir das encomendas de propaganda do governo, em trabalhos para o PC e outras organizações e campanhas políticas e sociais, produziram imagens condizentes com os novos valores da via política proposta por Salvador Allende, insistindo na transição pacífica para o socialismo. Muitas das mensagens expressaram alegria e felicidade e, assim, difundiram uma visão otimista e pacífica do processo.

Os cartazes relacionados à propaganda oficial do governo e do PC basearam-se, sobretudo, na representação da pátria como uma família, de forma bastante tradicional, onde o papel revolucionário de cada integrante corresponderia ao seu lugar na estrutura familiar. O trabalhador homem, na maioria das vezes carregando a bandeira nacional, corresponde à imagem paterna, aquele que é exemplo e força na luta pela pátria. A mulher, geralmente relacionada à imagem de companheira do homem e à maternidade, aparece como coadjuvante ligada aos símbolos que trazem a perspectiva de um futuro melhor representado pela criança. O jovem, outra representação recorrente na propaganda oficial, aparece como seguidor do exemplo do pai-trabalhador. Na perspectiva da propaganda oficial, a juventude, além de estudar, deveria se integrar nos trabalhos voluntários para aprender o valor do trabalho coletivo, pois nele encontrariam o sentido da ação revolucionária naquele processo.

No conjunto, estas representações oficiais, através da ilustração simples de figuras humanas, demonstraram a preocupação de identificar o governo com as camadas populares e com todos os segmentos progressistas da sociedade, como defendia o programa da UP. A partir destas imagens criou-se uma representação de unidade social e política pautada na harmonia e na alegria que as imagens de outros cartazes de propaganda, não oficial, contradiziam.

Enquanto as brigadas centraram suas mensagens em uma representação claramente partidarizada, mas também antagônicas do processo político, – a luta armada e a via pacífica –, os cartazes de propaganda abarcaram as diversas facetas do ambiente de mobilização político-cultural porque incorporaram nas suas mensagens visuais as diferentes percepções dos clientes sobre o momento político vivido no país. Por essa razão, conseguiram representar a tentativa do governo de manter a unidade social e política em torno da via pacífica e, ao mesmo tempo, registraram sua dificuldade para legitimar essa estratégia. O ecletismo de abordagens confirmou a independência dos desenhistas gráficos responsáveis pela propaganda oficial em relação ao governo e aos partidos da UP e, com isso, atestou a liberdade política que garantiu o pluralismo e a dinâmica do processo revolucionário.

Como resultado pode-se afirmar que as mensagens dos murais e dos cartazes registraram a "luta de representações" que se estabeleceu a partir de uma relação dialética entre imaginários e práticas sociais, dando sentido a propaganda política da *experiencia chilena*.

Relação das fontes

Documentos Eletrônicos (imagens)

As principais fontes desta pesquisa são as imagens dos cartazes e dos murais produzidos pelas brigadas que estão disponíveis no documento eletrônico *Chile: Breve Imagineria Política 1970-1973* (<http://www.abacq.net/imagineria>).

Cartazes e murais (organizados na ordem temática presente no site (<http://www.abacq.net/imagineria>)).

Cartazes

Cartaz da campanha da UP: "Por ti venceremos com Allende" – Disponível em: <http://www.abacq.net/imagineria/expoa.htm>.

Três cartazes sobre políticas voltadas para crianças e jovens: "La felicidad de chile comienza por los niños"; "De la seguridad de los niños depende el futuro de Chile"; "La juventude se compromete com la patria". Disponível em: <http://www.abacq.net/imagineria/exp02.htm>.

Cinco cartazes com a temática da nacionalização do cobre, 1971: "Chile se pone pantalones largos, ahora el cobre es Chileno"; "El cobre es el sueldo del Chile, la tierra es el pan"; "Cobre ya eres patria, no permitiremos que jueguen contigo!"; "Los patriotas chilenos no aceptamos los insultos del Mercúrio"; "Cobre Chileno" – Disponível em: <http://www.abacq.net/imagineria/exp04.htm>.

Seis cartazes com a temática dos trabalhos voluntários de 1972: "a trabajar!"; "agua para cabildo"; "Darle duro a la producción"; "Chile trabaja por Chile!! (2º dia nacional del trabajo voluntario)"; "Chile trabaja por Chile (3º dia nacional del trabajo voluntário)" – Disponível em: http://www.abacq.net/imagineria/exp11.htm>.

Seis cartazes com temas diversos e de organizações diferentes: "Unidos venceremos (Federação Obrera Nacional del Cuero y Calzado, 1972)"; "El primer año (Um filme de Patricio Guzmán)"; "A conquistar nuestro derecho a la educación ahora!! (Movimiento universidad para todos – MPTU)"; "Izquierda Cristiana a la CUT!!"; "Izquierda Cristiana a la universidad"; "Seamos um solo pueblo que busca su libertad. (Kiko Alvarez - Centro Cultural Pueblo)" – Disponível em: <http://www.abacq.net/imagineria/exp35.htm>.

Dois cartazes sobre o terremoto que arrasou as províncias de Aconcagua, Coquimbo e Valparaíso: "Con la reconstrucción renace la vida"; "Chile recosntruye unido". – Disponível em: <http://www.abacq.net/imagineria/exp07.htm>.

Cinco cartazes da visita de Fidel castro ao Chile em novembro de 1971: "Los estudiantes y la revolución chilena con Cuba (FECH)"; "Por Chile y por Cuba vamos compañera, reunámonos con Fidel"; "Bienvenido compañero Fidel (Partido Comunista del Chile)"; "Bienvenido compañero Fidel (FECH)"; um dos cartazes é composto apenas por imagens - Disponível em: <http://www.abacq.net/imagineria/exp06.htm>.

Seis cartazes expressando a imagem do guerrilheiro heróico (Che Guevara), solidariedade ao Vietnã, Laos e Camboja e anti-imperialismo: "8 de octubre: dia del guerrillero heroico. FECH, 1971"; "Marcha por Indochina"; "Solidariedad!! Com los niños vietnamitas"; "Por que?"; (cartaz com imagem e frase do Che); "Go-home. (Cartaz da revista Ramona Parra)" – Disponível em: <http://www.abacq.net/imagineria/exp05.htm>.

Três cartazes sobre os 50 anos do partido comunista: "50 años de lucha por el socialismo"; "50 aniversario Partido Comunista de Chile"; "50 años de combate". – Disponível em: <http://www.abacq.net/imagineria/exp08.htm>.

Cinco cartazes sobre as temáticas das viagens de Allende pela América Latina, da revolução, da Nova Canção Chilena, da Universidade Técnica do Estado, e dos "afuerinos". 1972: "Chile lo recebe em triunfo. Ecuador, Colombia, Peru, lo aclamaron...!"; "La revolución no la sera para nadie"; "Recital popular. Quilapayun"; "Estudiar y trabajar. Para Chile y la Universidad Técnica del Estado"; "Asi es como vivimos nosotros. Los afuerinos no queremos tierra queremos trabajar". – Disponível em: <http:// www.abacq.net/imagineria/exp10.htm>.

Cartazes relacionados a crise posterior as eleições parlamentares de março de 1973: ""No ala guerra civil"; "No a la sedición"; "No al crimen politico. Defendamos al gobierno popular". – Disponível em: <http://www.abacq.net/imagineria/exp13.htm>.

Cartaz: "Tres años de gobierno popular". – Disponível em: <http://www.abacq.net/imagineria/exp23.htm>.

Cartaz sobre o recebimento do premio Nobel de Literatura por Pablo Neruda em 1971: "Laurel de gloria para el pueblo..!" (homenagem do Partido comunista do Chile) - <http://www.abacq.net/imagineria/exp27.htm>.

Quatro cartazes da Brigada Ramona Parra, sendo dois com a temática da revolução – "BRP la revolución en los muros" e "Por Chile y la revolución: avancemos!! (juventudes comunistas de Chile)" – com resposta ao jornal de oposição *La Prensa* – "Estos son los poderosos, blindados camiones que habla el diario de La Prensa, (BRP, La Tetera)" – Disponível em: <http://www.abacq.net/imagineria/exp22.htm>.

Dois cartazes de propaganda da exposição realizada no Museo de Arte Contemporánea em 1972, sendo um deles inspirado num mural de 1970 – Disponível em: <http://www.abacq.net/imagineria/exp12.htm>.

Três cartazes da BRP – "BRP, juventudes comunistas de Chile", "es joven" e "Ramona aparece el 29" – e um mural sem identificação – Disponível em: <http://www.abacq.net/imagineria/exp33.htm>.

Murais:

Mural da Campanha de 1969 elaborado nos "alredores de Santiago en 1972" pela Brigada Ramona Parra – Disponível em: <http://www.abacq.net/imagineria/exp03.htm>.

Mural de"Santiago, comuna de San Miguel, 1970" – Disponível em: <http://www.abacq.net/imagineria/exp19.htm>.

Murais de Valparaíso, "Taller de arte" de 5 de dezembro de 1971; e murais de Arica, de 1972 – Disponível em: <htto://www.abacq.net/imagineria/exp31.htm>.

Mural realizado por Roberto Matta e a Brigada Ramona Parra na piscina municipal da comuna de "La Granja" em 1971 – Disponível em: <http://www.abacq.net/imagineria/exp05a.htm>.

Mural "em la fundición de la mina El teniente. Mayo, 1972" – Disponível em: <http://www.abacq.net/imagineria/exp19c.htm>.

Murais pintados por Pedro Sepúlvera e a Brigada Pedro Lobo na Escuela de la Oficina Victoria – "Mira tu cielo: del pecho pampino nace la nueva luz" – Disponível em: <http://www.abacq.net/imagineria/exp19b.htm>.

Seis murais, dois da Brigada Elmo Catalán recebendo a visita de Salvador Allende; dois não identificados, um em Santiago sobre a "manifestación em plaza Bulnes", um da comemoração de um ano do governo da UP – Disponível em: <http://www.abacq.net/imagineria/006.htm>.

Murais pintados no lado externo dos muros do Hospital Barros Lucos, na Gran Avenida, Santiago, 1970 – Disponível em: <http://www.abacq.net/imagineria/exp24.htm>.

Três murais: um sobre a reconstrução de Valparaíso, em Valparaíso, 1971; dois da BRP ("Proletarios del mundo uníos"; "La felicidad de Chile comienza por los niños"), em Santiago – Disponível em: <http://www.abacq.net/imagineria/exp28a.htm>.

Mural da JJCC sobre a nacionalização do cobre, em Santiago e projeto de mural publicado no jornal El Siglo em 18 de julho de 1972 – Disponível em: <http://www.abacq.net/imagineria/exp30.htm>.

Quatro murais da Brigada Elmo Catalán com a temática "Trabajadores al poder"; um mural da Brigada Inti Peredo "Libertad para América latina. Por la unidad de los pueblos" – Disponível em: <http://www.abacq.net/imagineria/exp19a.htm>.

"Preparación de murales sobre tela. Enviados al primer encunetro de pláticas latinoamericana en Casa de las Américas, en mayo de 1972 , Cuba". Rua Marcoleta, 96, Santiago – Disponível em: <http://www.abacq.net/imagineria/exp34.htm>.

Mural que foi continuação dos vestígios de um mural elaborado na campanha presidencial de 1964. Com mais de 400 metros de comprimento, na beira do rio Mapocho, foi inaugurado em 4 de janeiro de 1972 – Disponível em: <http://www.abacq.net/imagineria/exp01.htm>.

Imagens de outros murais ao longo da beirada do rio Mapocho, Santiago, 1972 – Disponível em: <http://www.abacq.net/imagineria/exp01a.htm>.

Mural da rua Marcoleta, Santiago 1972, com a temática "Libertad para los presos políticos em Paraguay" – Disponível em: <http://www.abacq.net/imagineria/exp28.htm>.

Dois murais da BRP – "Libertad para Angela Davis. Nixon asesino de niños y mujeres"; outro sem escritos – ; mural "Cristo y Fusil", do Asentamiento A. Ríos, Cautín; mural da brigada Elmo Catalán. – Disponível em: <http://www.abacq.net/imagineria/exp29.htm>.

Murais em Santiago 1972: "España = fascismo, fascismo = muerte"; "Los gorilas, la burguesia, los yanquis, no(s) puedem impedir la segunda independencia"; mural da rua Marcoleta – Disponível em: <http://www.abacq.net/imagineria/exp32.htm>.

Mural produzido pela BRP com o pintor José Balmes, Santiago 1972 - Disponível em: <http://www.abacq.net/imagineria/exp20.htm>.

Murais da BRP restaurados em 2001. – Disponível em: <http://www.abacq.net/imagineria/exp18.htm>.

Três murais da *población Las Rejas*, Santiago, 1972. – Disponível em: <http://www.abacq.net/imagineria/exp21.htm>.

Mural com frases de Pablo Neruda em Temuco 1970: "...tengo um pacto de sangue com mi pueblo". – Disponível em: <http://www.abacq.net/imagineria/exp27.htm>.

Três murais de Santiago, na alameda Plaza Italia, de 1972 – Disponível em: <http://www.abacq.net/imagineria/exp22.htm>.

Murais em expostos e cartazes de divulgação da exposição de apoio ao processo que vivia o país que constituiu o chamado *Museo de la solidariedad con Chile*. Foram apresentados trabalhos de artistas reconhecidos e murais da BRP no Museu de Arte Contemporânea de 20 de abril a 20 de maio de 1972. Constam imagens de murais da BRP – Disponível em: <http://www.abacq.net/imagineria/exp12.htm>.

Dois murais – um denominado "camino a Pudahuel", em Santiago – Disponível em: <http://www.abacq.net/imagineria/exp33.htm>.

Documentos eletrônicos (textos)

Cronologia da obra dos Irmãos Larrea: Disponível em: <http://www.utem.cl/diseno/alumnos.htm.> e <http://www.educarchile.cl/ntg/docente/1556/article-76947.html>. Acesso em: 20 jun. 2006

GODOY, I. Entrevista com Vicente Larrea. Disponível em: <http://www.elpais.com.uy/Suple/Cultural/06/02/10/cultural_200469.asp>. Acesso em: 20 jun. 2006.

GONZÁLEZ, A. *El arte brigadista* <http://www.abacq.net/imagineria/arte4.htm> Acesso em: 30 set. 2003.

HUMBLOT, C. *La historia de un pueblo en los muros de Chile. Conversación con José Balmes. Disponível* em <http://www.abacq.net/imagineria/003.htm> Acesso em: 30 set. 2003.

MATTA, R. *Conversaciones (1971).* Disponível em <http://www.abacq.net/imagineria/arte2.htm> Acesso em: 30 set. 2003.

ORELLANA, F. De la muralla al ciberespacio. Disponível em: <http://www.lainsignia.org/2003/diciembre/cul_005.htm>. Acesso em: 20 jun. 2006

TEITELBOIM, V. Asegurar el triunfo de la Revolución. *Asamblea Trabajadores de la Cultura.* Santiago, sept. 1971. Disponível em: (<http://www.colectivobrp.cl.>). Acesso em: 17 Jan. 2006.

Documentos Impressos

PARTIDO COMUNISTA DE CHILE. Intervenciones y resoluciones del XIV congreso. Santiago: 1970.

PLATAFORMA DE GOBIERNO Y DEL PARTIDO DE UNIDAD POPULAR. Santiago de Chile, 1973.

PROGRAMA DE LA UNIDAD POPULAR. Santiago, 1969.

PROGRAMA FECH/1971. Santiago, 1971.

Jornais

BRIGADA RAMONA PARRA (Chile). La revolución no la para nadie: por estos los reacinarios conspiran...! Santiago, s,n, 1971.

"'La revolución es, esencialmente un cambio de mentalidad', dice el cura y poeta Ernesto Cardenal", Santiago, *Diario Clarin*, 17 out 1971.

"Cuatro jovenes muralistas ejecutan obras en municipio". *El Correo de Valdívia*, Sábado 10 de febrero de 1968.

PALACIOS, Sergio. "Política Cultural de la Unidad Popular", Valdivia, *El Correo de Valdivia*, 18 ago 1970.

REYES, Luis Merino. "Política cultural para Chile", Santiago, *El Mercúrio*, 25 fev 1971.

"Niños pintores levantan mural en comuna La Reina". *El siglo*, 29 jun. 1964

"Las calles de la ciudad estarán cubiertas de arte". *El siglo*, domingo 13 septiembre 1970.

"Entrega generosa, sin tasa ni medida". *El siglo*, Santiago, 27 sept. 1970.

"Un pintor de la mano con el pueblo. Matta: 'Ahora las cosas dela arte nacen de abajo, como las flores' ". *El siglo*, 19 nov. 1971

"Llamamiento de las JJ.CC. al trabajo voluntario", Santiago, *El Siglo*, 16 mai 1971.

"La juventud junto a al classe obrera hacia el socialismo!", Santiago, *El Siglo*, 30 mai 1971.

"Participar em la construción del Chile nuevo es tarea de toda la juventud", Santiago, *El Siglo*, 21 jun 1971.

"Firmado convenio cultural y científico entre Chile y la URSS", Santiago, *El Siglo*, jul 1971.

MALDONADO, Carlos. "Cultura nacional o latinoamericana?", Santiago, *El Siglo*, 1 ago 1971.

"Lenin y las tareas de la revolución cultural", Santiago, *El Siglo*, 2 ago 1971.

MALDONADO, Carlos. "Sin paternalismos: el pueblo trazará su ruta", Santiago, *El Siglo*, 30 ago 1971.

"Trabajos voluntarios deben ser una jornada de unidad", Santiago, *El siglo*, 24 mai 1973.

RIERA, Bernardo. "Bases para uma Política Cultural Revolucionária", Santiago, *La Nación*, 19 nov 1970.

"Firman convenio chileno-cubano de educación, cultura y deporte", Santiago, *La Nación*, 4 dez 1971.

"Comentan exito de exposicion cubana en Chile", Santiago, *La Nacion*, 1 abr 1972.

"Desarrollaremos vasto plan de intercambio con Chile", Santiago, *La Ultima Hora*, 22 mar 1971.

"Lograron interpretar las pinturas de la Brigada Ramona Parra", Santiago, *La Tarde*, 18 mar 1971.

"Prats rindió homenaje a heróes de la Batalla de Leningrado", Santiago, 13 mai 1973.

Revista La Quinta Rueda (revista cultural)

MALDONADO, Carlos. "Donde esta la politica cultural?", Santiago, out 1972, p. 12-15

RIVERA, Enrique. "Para comenzar a hablar", Santiago, nov 1972, p. 8-9

"Poesía y artes plásticas", Santiago, nov 1972, p. 16-17

BONATI, Eduardo Martinez. "Arte de antimuseo", Santiago, dez 1972, p. 4

ULIBARRI, Luisa. "Vivir estilo UNCTAD", Santiago, dez 1972, p. 5

RETAMAR, Roberto Fernández. "La experiência cubana", Santiago, dez 1972, p. 7

NUÑEZ, Lautaro. "Basta d saqueo cultural!", Santiago, dez 1972, p. 9

TEITELBOIM, Volodia. "5.000.000 de libros", Santiago, jan-fev 1973, p.?

SOLÓRZANO, Julio. "EE. UU.: museo em las calles", Santiago, abr 1973, p. 16-17

"Lo que hay y lo que falta", Santiago, mai 1973, p. 3-4

QUEZADA, Jaime. "Cuba", Santiago, jun 1973, p.?

FERNANDEZ, Osvaldo. "El problema del trabajo teórico", Santiago, jun 1973, p.?

VILA, Waldo. "La generación del 13. Uma capitanía de pintores", Santiago, jul 1973, p. 12-13

"Intelectuales y artistas del mundo entero: desuníos!", Santiago, jul 1973, p.?

MIX, Miguel Rojas. "La grafica de la revolución", Santiago, jul 1973, p.?

"La cultura cuesta", Santiago, ago 1973, p.?

Revista Onda (revista de política y cultura)

"Vietnam esta cerca", Santiago, n.1, 17 sept 1971, p.47

"FESES: ¿Fuimos utilizados?", n.3, 15 out. 1971.

"Con deporte y cultura celebran aniversario", Santiago, n. 4, 29 out 1971, p. 50-51

"Bienvenido a Chile", Santiago, n. 5, 12 nov 1971, p. 28

"Chile y Fidel. Un dialogo que no termina", Santiago, n.6, 25 nov 1971, p. 38

"Los trabajadores de Quimantú a la opinión publica", Santiago, n. 6, 25 nov 1971, p. 46

"El mejor regalo: la organización", Santiago, n. 8, 24 dez 1971, p.67

"200 mil jovenes se decidieron...", Santiago, n. 9, 5 jan 1972, p. 62-63

"Chile en la onda marxista", Santiago, n. 15, 30 mar 1972, p. 62

"FECH: la casa de la cultura, la cultura de la casa", Santiago, n.21, 23 jun 1972, p.?

"La juventud cubana apechuga", Santiago, n.23, 21 jul 1972, p. 12-16

"Hoy trabajan voluntades", Santiago, n. 30, 26 out 1972, p. 13

ORTUZAR, Ximena. "Mística a todo color", Santiago, n. 45, 26 mai 1973, p. 20-21

______. "Vicho, Toño y Lucho: tres para um afiche", Santiago, n. 47, p. 33-35

"Pukara: centro de recración y cultura de los trabajadores de cobrechuqui", Santiago, n. 49, 17 jul 1973, p. 32

Revista Ramona (revista da juventude do PC chileno)

"La BRP a Paris", Santiago, n. 55, 13 nov 1972, p. 5

"Concurso de gráfica popular", n. 55, 13 nov 1972, p. 6

LANZAROTTI, Cláudia. "Habla la hermanade de Ramona Parra", Santiago, n.18, 29 feb. 1972, p. 16-23.

POLITZER, Pati. "Los 'monos' de la BRP en las salas de arte", Santiago, n. 55, 13 nov 1972, p. 18-20

Revista Casa de las Américas

COLLAZOS, Oscar. Escritores, revolución y cultura en la América Latina. *Casa de las Américas*, La Habana, n. 68, p.110-119, sep./dic.1971

DESNOES, Edmundo. Los carteles de la revolución cubana. *Casa de las Américas*, La Habana, n. 51-52, p.223-231, nov.1968/feb.1969.

JUAN, Adelaide de. Grabados en la casa. *Casa de las Américas*, La Habana, n. 61, p.109-110, jul./ago.1970

JUAN, Adelaide de. & MIX, Rojas. Exposición de la Habana 1971 (Chileno-Cubana). *Casa de las Américas*, La Habana, n. 69, p.187-189, nov./dic.1971

LOREDO, Carlos Piñeiro. Artes plásticas y lucha revolucionaria (mesa redonda). *Casa de las Américas*, La Habana, n.74, p.151-159, sep./out. 1972.

POSICIONES. Declaración de intelectuales chilenos. *Casa de las Américas*, La Habana, n. 67, p.161-163, jul./ago.1971

SAURA, Antonio. Para una discusión sobre el arte actual. *Casa de las Américas*, La Habana, n. 60, p.108-113, may./jun.1970.

VÁZQUEZ, Adolfo Sánchez. Notas sobre Lênin y el arte. *Casa de las Américas*, La Habana, n. 59, p.106-115, mar./abr.1970

VERA, Pedro Jorge. Cultura y revolución. *Casa de las Américas*, La Habana, n. 68, p.82-83, sep./dic.1971

Entrevistas realizadas

ÁVILA, X. A. *Entrevista concedida a autora deste trabalho.* Setembro de 2006.

GONZÁLEZ, A. *Entrevista concedida a autora deste trabalho.* Santiago de Chile: 19 fev. 2004.

MÁRQUEZ, S E VALERO, C. *Entrevista concedida a autora deste trabalho.* Santigo de Chile: 18 fev. 2004.

Bibliografia

ADES, D. *Arte na América Latina*. São Paulo: Cosac & Naify, 1997

AGGIO, A. *Democracia e socialismo*. 2. ed. São Paulo: Editora Annablume, 2002.

______. *Revolução e democracia no nosso tempo*. Franca: UNESP, 1997.

ALEGRIA, F. *Salvador Allende*. Paz pelo socialismo. São Paulo: Brasiliense, 1984.

ALLENDE GOSSENS, S. *El pensamiento de Salvador Allende*. México: Fondo de Cultura Económica, 1974.

ANGELL, A. *Partidos políticos y movimiento obrero en Chile*. México: Ediciones Era, 1974.

ALTAMIRANO, C. *Dialética de uma derrota. Chile 1970-1973*. São Paulo: Brasiliense, 1979.

ARCHIVO SALVADOR ALLENDE. *Las tareas de la juventud*. Estudio-Trabajo-Compromisso. Mexico: Universidad Pedagogica Nacional, 1990.

______. *Rumbo de Liberación*. Riquezas básicas-capital humano-democracia. Mexico/Xoximilco: Universidad Autonoma Metropolitana, 1990.

ARGAN, G. *A arte moderna*. São Paulo: Companhia das Letras, 2004.

BACZKO, B. Imaginação Social. In: *Enciclopédia Einaudi*. v.5, Lisboa: Imprensa Nacional/Casa da Moeda, 1985.

BARNICOAT, J. *A concise history of posters*. Londres: Thames and Hudson, 1975.

BELLANGE, E. *El Mural como reflejo de la realidad social em Chile*. Santiago: Ediciones Chile America Cesoc, 1995.

BICENTENARIO. Revista de Historia de Chile y América. Chile y el 11 de septiembre de 1973. Santiago de Chile: Centro de Estudios Bicentenario, v.2, n.2, set. 2003. 392 p.

BITAR, S. *Transição, socialismo e democracia. Chile com Allende*. São Paulo: Paz e Terra, 1980.

BORGES, E. C. *O projeto da via chilena ao socialismo do Partido Comunista chileno:* "Nem revisionismo, nem evolucionismo, nem reformismo, nem cópias mecânicas". São Paulo, 2005. 238 f. Dissertação (Mestrado em Historia) – Setor de Ciências Humanas, Pontifícia Universidade Católica.

BRUNNER, J. J. *Cultura y Modernidad*. Ciudad de México: Grijalbo, 1992.

CALENDÁRIO COLECCIÓN PHILIPS. *El Mural em Chile*. Santiago: Philips Chilena S.A, 1999.

CAMPAÑA, C. y MELLADO, J. P. *Cultura y trabajo*. Santiago: Morgon Impresores, 1996.

CANCLINI, N. *A socialização da arte teoria e prática na América Latina*. São Paulo: Cultrix, 1980.

______. Políticas culturais na América Latina. *Novos Estudos*. São Paulo, v. 2, n. 2, p.31-38, jul. 1983.

______. *Culturas Híbridas*. São Paulo: EDUSP, 1997.

CAPELATO, M. *Multidões em cena*: propaganda política no varguismo e no peronismo. Campinas: Papirus / FAPESP, 1998.

CAPELATO, M. & DUTRA, E. R. F. Representação política. O reconhecimento de um conceito na historiografia brasileira. In: FLAMARION, Ciro. & MALERBA, J. (orgs). *Representações*: contribuição em um debate transdisciplinar. Campinas: Papirus, 2000.

CARDENAS M, P. et alli. *Pintura mural y social en chile*. Santiago de Chile, 1972. 50 f. Monografia (Seminario – Memoria para optar al titulo de Profesores de Estado en Artes Plásticas) - Facultad de Bellas Artes, Universidad de Chile.

CARRASCO, E. *Il sogno Dipinto*. I murales del Cile nella memoria storica. Italia: Hobby & Work Publishing, 2004.

CASANGA, R. L. *El gobierno de la Unidad Popular a través de las caricaturas contemporáneas*. Santiago, 2000. 130 f. Monografia (Licenciatura em história) – Departamento de Ciências Históricas, Universidad de Chile.

CASTELLS, M. *La lucha de clases en Chile*. México/España/Argentina: Siglo Veintuno Editores, 1971.

CASTILLO, L. & GONZALEZ, A. El cartel cubano de cine en toma panoramica.

CASTILLO ESPINOZA, E. (org.). *Cartel Chileno 1963-1973*. Santiago: Ediciones B/ Grupo Zeta, 2004.

______. *Puño y letra*. Movimiento social y comunicación gráfica en Chile. Santiago de Chile: Ocho Libros Editores, 2006.

CATALÁN, C. *Estado y campo cultural en Chile*. Santiago: FLACSO, 1988.

CENTRO DE ESPOSICIONES "SAN JORGE". *La memoria herida*: 11 de septiembre, de Salvador Allende a las Torres Gemelas. Cáceres (España): 2003. Catálogo de exposição.

CERQUEIRA, J. *Arte e literatura na Guerra Civil de Espanha*. Porto Alegre: Editora Zouk, 2005.

CHARTIER, R. *História cultural*: entre práticas e representações. Lisboa: Difel, 1990.

______. O mundo como representação. *Estudos Avançados*. v.5, n.11, Universidade de São Paulo, 1992.

CHAUI, M. *Seminários*. São Paulo: Brasiliense, 1983.

CHEVALIER, J. e GHEERBRANT, A. *Dicionário de Símbolos*. Mitos, sonhos, costumes, gestos, formas, figuras, cores, números. Tradução: Vera da Costa e Silva, Raul de Sá Barbosa, Ângela Melim e Lúcia Melim. 8. ed. Rio de Janeiro: José Olympio, 1994.

CLARK, T *Arte y propaganda em el siglo XX*: Las imagens políticas em la era dela cultura de masas. Madrid: Ediciones Akal, 2000.

CLEARY, P. *Cómo nació la pintura mural política Chile*. Revista Araucaria de Chile, n.42, 1988, p. 193-195.

COELHO, T. *Dicionário crítico de política cultural.* 2. ed. São Paulo: Iluminuras / FAPESP, 1999.

COMITÉ DE DEFENSA DE LA CULTURA CHILENA. *Muralismo.* Arte en la cultura popular chilena. St. Gallen/Berlin/São Paulo: Edition diá, 1990.

CORVALÁN, Luis. *El gobierno de Salvador Allende.* Santiago: LOM Ediciones, 2003.

DALMÁS, C. *Frentismo Cultural em prosa e verso*: comparações, conexões e circulação de ideias entre comunistas brasileiros e chilenos. (1935-1948). 234f. Tese (Doutorado). Faculdade de Filosofia, Letras e Ciências Humanas da Universidade de São Paulo, São Paulo, 2012.

DEBRAY, R. *Conversación con Allende.* Cidade do México: Siglo XXI, 1973.

DÍAZ, P. A. T e LARA, M. L. *El arte muralista de las Brigada Ramona Parra 1967 – 1973.* Santiago, 2004. 40. f. Monografía – Departamento de Ciencias Históricas., Universidad de Chile. Disponible em: <http://www. www.colectivobrp.cl>.

DOMENACH, J. *A Propaganda Política.* 2 ed. São Paulo: Difusão Européia do Livro, 1963.

DOONER, P. *Periodismo y politica.* La prensa de derecha e izquierda 1970-1973. Santiago de Chile: Editorial Andante, 1989.

DOWNING, J. D. H. *Mídia Radical. Rebeldia nas comunicações e Movimentos Sociais.*São Paulo: Senac, 2002.

DRAGO, T. *Chile:* Um duplo seqüestro. São Paulo: Thaurus, 1995.

DRIENCOURT, J. *La propagande nouvelle force politique.* Paris: Librairie Armand Colin, 1950.

DUTRA, E. F. História e Culturas Políticas. Definições, usos, genealogias. *Varia História,* Belo Horizonte, n.28, p. 13-28, dez. 2002.

FALLETO, E. et al. *1950-1973*: Entre modernidad y utopía. Santiago: s/ed, 2000.

FAÚNDEZ, Julio. *Izquierdas y democracia en Chile.* Trad: José Cayuela, Santiago de Chile: Ediciones BAT S.A, 1992.

FERNADEZ, F. *Da guerrilha ao socialismo*: a revolução cubana. São Paulo: T.A. Queiroz, 1979.

FISCHER, K. *Political Ideology and educational reform in Chile.* Los Angeles: UCLA, 1979.

FONTBONA, S; LABRA, N; LARRAÍN, I. *La ciudad como papel.* Santiago de Chile, 2002. 524. f. Tesis para optar al grado de Licenciatura en Comunicación Social. –Escuela de Publicidad. Universidad Diego Portales.

GALDAMES, O. S. *Breve historia contemporánea de Chile.* México: Fondo de Cultura Económica, 1999.

GARCÉS, J. *Allende e as armas da política.* São Paulo: Página Aberta, 1993.

GARRETÓN M. A. *Estado y política cultural: fundamentos de una nueva institucionalidad. Santiago* : FLACSO, 1992.

GASKELL, I. História das Imagens. In: BURKE. P. *A Escrita da História.* Trad. Magda Lopes. São Paulo: Editora UNESP, 1992, p. 237-271.

GIRARDET, Raoul. *Mitos e mitologias políticas.* São Paulo: Cia. das Letras, 1987.

GODOY, A. *Historia del afiche chileno.* Santiago: Universidad de Arcis, 1992.

GONZÁLEZ, M.A. C. *Introducción al método iconográfico.* Córcega: Editorial Ariel, 1998.

GRAMSCI, A. *Literatura e vida nacional.* 2. ed. Rio de Janeiro: Civilização Brasileira, 1978.

GUBERN, R. *Médios icônicos de massas.* Madrid: História 16, 1997.

GUEVARA, E. El socialismo y el hombre en Cuba. In: *La Rosa Blindada.* Una pasión de los 60. Argentina: Ediciones La Rosa Blindada, s/d.

HOBSBAWN, E. J. (org.). *História do Marxismo.* O marxismo na época da terceira internacional: problemas da cultura e da ideologia. 2. ed. São Paulo: Paz e Terra, 1989, v.9.

HUNNEUS, C. *La Guerra Fría chilena.* Gabriel González Videla y la ley maldita. Santiago de Chile: Debate, 2009.

INSTITUTO DE INVESTIGACIONES MARXISTAS. *Etapa de transicion del capitalismo al socialismo* (Revolución Cultural). Santiago: Editora Nacional Quimantú, 1972.

INSTITUTO DE ESTUDIOS REGIONALES DE LA UNIVERSIDAD DE CHILE. *Chile*: esencia y evolución. Santiago, 1982.

JARA, J. *Canção inacabada*. A vida e a obra de Victor Jara. Trad: Renzo Bassanetti, Rio de Janeiro/São Paulo: Editora Record, 1983.

JOBET, J. C. e CHELÉN R. *Pensamiento teorico y politico del partido socialista*. Santiago: Editora Nacional Quimantú, 1972.

KUNZLE, D. Public graphics in Cuba: a very Cuban form of internationalist art. *Latin American Perspectives*, vol. 2, nº4, Supplement Issue. Cuba: La Revolucion en Marcha (1975).

LEON, C. El muralismo chileno: comunicación y arte. *Revista Araucária de Chile*. França, n. 24, 1983. p. 109-116.

LEONARDI, N. (org). *Chile*: de la luz a las tinieblas. Lima: Instituto de Investigaciones Humanísticas, 1999.

LOWY, M. (org). *O marxismo na América Latina: uma antologia de 1909 aos dias atuais*. São Paulo: Editora Fundação Perseu Abramo, 2003.

MAIRA, L. *Chile*: dos años de Unidad Popular (Temas culturales). Santiago: Editora Nacional Quimantú, 1973.

MALPAS, J.. *Movimentos da Arte Moderna. Realismo*. 2.ed. São Paulo: Cosac & Naify, 2001.

MANNS, P. *Actas de Alto Bio-Bio*. Madrid: Ediciones Michay, 1986.

MATNER, G. *El gobierno del presidente Salvador Allende: 1970-1973*. Una Evaluación. Concepción: Ediciones LAR, 1988.

MATTERLART, A. *Mass media, idéologies et mouvement révolutionnaire, Chili 1970-1973*. Paris: Éditions Anthropos, 1974.

MENESES, U. B. _____. Fontes visuais, cultura visual, história visual. Balanço provisório, propostas cautelares. *Revista Brasileira de História*, São Paulo, v.23, n. 45, p. 11-36, jul.2003.

MENEZES, P. *A trama das imagens*. Manifestos e Pinturas no Começo do Século XX. São Paulo: Edusp, 1997.

MICELI, S. *Estado e cultura no Brasil*. São Paulo: Difel, 1984.

MISKULIN, S. C. *Cultura Ilhada*. Imprensa e revolução cubana (1959-1961). São Paulo: Xamã, 2003.

MUSEO DE ARTE CONTEMPORANEO. *Guillermo Nuñez*. Retrato hablado una retrospectiva. Santiago, 1993. Catálogo de exposição.

NAPOLITANO, M. Arte e revolução: entre o artesanato dos sonhos e a engenharia das almas (1917-1968). *Revista de Sociologia e Política*. Curitiba. n° 8, 1997. p. 7-20.

______. A canção engajada no Chile e no Brasil. *Caderno de Filosofia e Ciências Humanas*. São Paulo, v.7, n. 13, p. 19-23, abr. 2000.

OLIVA, M. L. Balmes, con toda la voz. *Casa de las Américas*, Cuba, n.213, p.121-125, 1999.

PAIVA, M. *Transição ao Socialismo*: as lições do Chile. São Paulo: Alfa-Ômega, 1984.

PAZ, O. Pintura Mural. In: *México em la Obra de Octavio Paz* III – Los Privilegios de la Vista. Arte de México. México: Fondo de Cultura Económica, 1987.

PILAR, A. et al. *Seminario sobre Políticas Culturales en Chile*. Santiago: Ministerio de Educación, División de Cultura, [1993?].

PINTO VALLEJOS, J. (coord). *Cuando hicimos historia*. La experiencia de la Unidad Popular. Santiago: LOM, 2005.

______. *Desgarros y utopías en la pampa salitrera*. La consolidación de la identidad obrera en tiempos de la cuestión social (1890-1923). Santiago de Chile: LOM, 2007.

QUIROGA, P. (org). *Salvador Allende*. Obras escogidas (1970-1973). Barcelona: Grijalbo, 1989.

RODRÍGUEZ-PLAZA, P. Estética, política y vida cotidiana. El caso de la pintura callejera chilena. Ponencia al Encuentro "Psicologia, Estética y Transformación Social", del Magíster en Psicología Social, Universidad ARCIS – Universidad de Barcelona, Santiago, agosto de 2004.

QUIROGA, P. *Salvador Allende*. Obras escogidas (1970-1973). Barcelona: Editorial Crítica, 1989.

QUIROZ, G. G. *Arte e cultura en la via chilena al socialismo*: El discurso cultural y la producción artística en el gobierno de Unidad Popular. Santiago de Chile, 1989. 75 f. Monografia – Departamento de Estética, Pontificia Universidad Católica de Chile.

RAMÍREZ, H. *Origen y formación del Partido Comunista de Chile.* Ensayo de historia política y social de Chile. Santiago de Chile: Editorial Progresso, 1984.

RICHARD, N. *Residuos y metáforas: ensayos de crítica cultural sobre el Chile de la transición. Santiago* : Editorial Cuarto Propio, 1998.

______. *Intervenções críticas.* Arte, cultura, gênero e política. Trad. Rômulo Monte Alto. Belo Horizonte: Ed. UFMG, 2000.

RIDENTI, M. *Em Busca do Povo Brasileiro: artistas da revolução do CPC à era da tv.* Rio de Janeiro: Record, 2000.

ROLLE, C. La "Nueva Canción Chilena", el proyecto cultural popular y la campaña presidencial e gobierno de Salvador Allende. *Actas del III Congreso Latinoamericano de la Asociación Internacional para el Estudio de la Música Popular,* Bogotá, 2000.

RUBIM, A. A. C. *Partido Comunista: cultura política e política cultural.* Tese de Doutorado (Sociologia), FFLCH-USP, 1987

______ . Partido Comunista e herança cultural no Brasil. *Ciência e Cultura,* n. 41 (6), p. 552-565, jun. 1989.

SADER, E. "Chile: vida, paixão e morte da democracia". In: *Um Rumor de Botas.* São Paulo: Polis, 1982.

SADER, E. *Democracia e ditadura no Chile.* São Paulo, Brasiliense, 1984

______. *Chile (1818-1990) da Independência à Redemocratização.* São Paulo, Brasiliense, 1991.

SAÚL, E. *Pintura social en Chile.* Santiago: Quimantú, 1972.

SCHMIEDECKE, N. A. *Não haverá revoluções sem canções.* São Paulo: Alameda, 2015.

SCHNAIDERMAN, B. *Os escombros e o mito.* A cultura e o fim da União Soviética. São Paulo: Companhia das Letras, 1997.

SILVA, E. P. *A Nova Canção Chilena*: um encontro entre arte e política. São Paulo: USP – FFLCH, 2003, 45 p. Relatório.

SOSNOWSKI, S. et al. *Cultura, autoritarismo y redemocratisación en Chile.* Santiago: Fondo de Cultura Económica, 1993.

SUBERCASEAUX, B. *El debate internacional sobre politicas culturales y democracia.* Santiago: CENECA, 1986.

_____. *Historia del libro en Chile* (alma y cuerpo). Santiago de Chile: Editorial Andres Bello, 1993.

SULLIVAN, E. J. L. *Latin American Art in the twentieth century*. London: Phaidon Press Limited, 1996.

ULIANOVA, O.; LOYOLA, M.; e ÁLVAREZ, R. (Ed.) *1912-2012: El siglo de los comunistas chilenos*. Editora: Universidad de Santiago de Chile / Instituto de Estudios Avanzados, 2012.

VADANOVIC, H. *Um socialismo renovado para Chile*. Santiago: Editorial Andante, 1988.

VALLE DÁVILA, I. O conceito de"novidade" no projeto do Nuevo Cine Latinoamericano. Estudos Históricos. Rio de Janeiro, vol. 26, nº 51, p. 173-192, janeiro-junho de 2013)

VALLE, J e DÍAZ, J. *Federación de la Juventud Socialista*. Apuntes Historicos. 1935-1973. Chile: Ediciones Documentas, 1987.

VARAS, A. (comp.). *El Partido Comunista en Chile*. Santiago: Cesoc-Flacso, 1988.

VASCONCELLOS, C. M.. *Representações da Revolução Mexicana no Museu Nacional do México (1940-1982)*. São Paulo, 2003. 233 f. Tese (Doutorado em História) – Faculdade de Filosofia, letras e Ciência Humanas , Universidade de São Paulo.

VICO, M. e OSSES, M. *Un grito en la pared*. Psicodelia, compromiso político y exílio en el cartel chileno. Santiago: Ocho Libros Editores, 2009.

VIDAL, H. *Política cultural de la memoria histórica: derechos humanos discursos culturales en Chile*. Santiago: Mosquito Editores, 1997.

VILLAÇA, M. M. Representações de Che Guevara na canção latino-americana. *Projeto História*, São Paulo, (32), jun. 2006.

YSLA, N. H. Una poética gráfica insular. *Arte Cubano*. Revista de artes visuales, La Habana, may./jun. 1996.

WILLIAMS, R. *Cultura*. 2. ed. São Paulo: Paz e Terra, 2000.

ZAGLÁDINE, V. *O movimento comunista internacional ensaio de estratégia e tática*. Lisboa: Editora Avante, 1978.

ZAPATA, F. *Las relaciones entre el movimiento obrero y gobierno de Salvador Allende*. Ciudad de Mexico: El Colégio de México, 1976.

Anexos

Roteiro seguido nas entrevistas realizadas:

O Sr. pode fazer um breve histórico ressaltando a data de origem e os objetivos que motivaram a organização das brigadas.

Qual foi o papel das BRP dentro do partido comunista? Elas eram vinculadas a que instâncias do partido, por exemplo, com a agitprop, com a instância cultural, ou eram independentes?

A UP institucionalizou as Brigadas (através de uma política cultural, por exemplo) ou as atividades eram mais auto-organizadas e independentes?

Quais foram as influências artísticas na produção dos murais?

O que marcou o estilo da BRP? Qual a formação artística dos principais membros das brigadas?

Como era o processo de discussão que definia o tema e o conteúdo do mural?

Como se organizavam as ações dos brigadistas?

Existiu diferença entre as propostas das brigadas que apoiavam o governo da UP? Existiram divergências entre as brigadas influenciadas pelas divisões da UP?

Você percebeu algum retorno da sociedade?

As BEC participaram de alguma exposição muralista como, por exemplo, a exposição "El arte brigadista" realizada no Museu de Arte Contemporânea da Quinta Normal em Santiago?[1]

Vocês participaram ou, ao menos, conheceram a Brigada Inti Peredo do PS?

1 As perguntas dez e onze foram feitas apenas para os brigadistas das BEC.

Agradecimentos

A satisfação de publicar este livro aumenta ao perceber que não foram poucos os incentivos para sua realização.

Gostaria de agradecer, inicialmente, à CAPES, pela bolsa concedida no mestrado, pois sem ela a pesquisa que fundamentou este trabalho não teria sido possível.

À FAPESP, pelo auxílio financeiro para a publicação do livro.

À Profª. Drª. Maria Helena Rolim Capelato, minha querida orientadora, pela acolhida e apoio necessários em todos os momentos de realização deste trabalho. Muito obrigada pela paciência.

À Profª. Drª. Maria Lígia Coelho Prado que compôs a Banca de Qualificação, dando sugestões essenciais para a finalização da pesquisa.

À Profª. Drª. Kátia Baggio e ao Prof. Dr. Marcos Napolitano, pela minuciosa avaliação da dissertação na banca de defesa e indicação para a publicação.

Ao Prof. Dr. Rolando Álvarez, pela leitura crítica e dicas indispensáveis na revisão do texto.

A Guilherme Soares e Patrícia Pávez e família, amigos que me acolheram em Santiago do Chile.

Ao Partido Comunista do Chile e a Alejandro González, pela entrevista concedida sobre as Brigadas Ramona Parra.

Ao Partido Socialista do Chile, pelo acesso à sua biblioteca, e aos ex-integrantes das BEC, Carlos Valero, Sebastián Márquez e Ximena Ahumada Ávila, pela atenção e entrevistas concedidas.

Aos funcionários da Biblioteca Nacional do Chile, da Biblioteca do Museu de Belas-Artes, do Museu da Solidariedade Salvador Allende, da Fundação Victor Jara, da Universidade do Chile e da Pontifícia Universidade Católica do Chile, pela atenção e disponibilização de documentos.

Aos meus amigos, leitores, revisores e interlocutores Cristiane, Êça, Eliana, Elma, Elisa, Joceley, Larissa, Lúcia, Maria Antônia, Mariana, Marinei, Miliandre, Rafaela, Rafael, Renata, Rodrigo e Vera.

Aos meus pais, José e Zilá, que junto com meus irmãos Giovana, Ana Paula e Júnior, e meus cunhados Eduardo e Guilherme proporcionam um apoio incondicional e essencial às minhas escolhas profissionais.

Aos meus sobrinhos Davi, Helena, Benjamin e Isabel, pela vitalidade e alegria.

A Gabriel Corrêa, meu companheiro, leitor, revisor e aconchego no cotidiano. Obrigada por me ajudar a persistir... À Violeta Dalmás Corrêa, minha filha, por florir, perfumar, colorir e alegrar todos os dias da minha vida. A vocês dedico, com todo amor, este trabalho.

Alameda nas redes sociais:
Site: www.alamedaeditorial.com.br
Facebook.com/alamedaeditorial/
Twitter.com/editoraalameda
Instagram.com/editora_alameda/

Esta obra foi impressa em São Paulo no outono de 2017. No texto foi utilizada a fonte Adobe Jenson Pro em corpo 10 e entrelinha de 15 pontos.